Nevill Drury

Der Schamane und der Magier

Reisen zwischen den Welten

WILHELM HEYNE VERLAG
MÜNCHEN

SPHINX BEI HEYNE
Herausgegeben von Michael Görden
Nr. 08/3009

Aus dem Englischen von Jürgen Saupe

Umwelthinweis:
Dieses Buch wurde auf
chlor- und säurefreiem Papier gedruckt.

Copyright © 1982 by Nevill Drury
Die Originalausgabe erschien unter dem Titel
THE SHAMAN AND THE MAGICIAN
Die deutschsprachige Ausgabe erschien zuerst
1989 im Sphinx Medien Verlag, Basel
Copyright © der deutschsprachigen Ausgabe 1995
by Heinrich Hugendubel Verlag, München
Alle Rechte vorbehalten.
Genehmigte Taschenbuchlizenzausgabe 1997 im Wilhelm Heyne Verlag
GmbH & Co. KG, München
Printed in Germany 1997
Umschlaggestaltung: Atelier Adolf Bachmann, Reischach
Umschlagabbildung: Ananda Kurt Pilz/Agentur Walter Holl, Aachen
Satz: Pinkuin Satz- und Datentechnik, Berlin
Druck und Bindung: Elsnerdruck, Berlin

ISBN 3-453-12589-4

Inhalt

Für Susan, Rebecca und Megan

Vorwort

Ich traf Nevill Drury zum erstenmal im November 1980 bei einer internationalen Konferenz auf Phillip Island in Australien. Ich kannte ihn aus seinen Arbeiten als anspruchsvollen, fruchtbaren Autor und rechnete mit einem Mann, der auf die Fünfzig zuging. Ich sah überrascht, daß Nevill gerade Anfang dreißig war. Rückschauend hätte ich es mir eigentlich denken können, da er sich in seinen Büchern bezeichnenderweise mit Fragen des Bewußtseins, der visionären Erfahrung und des Okkulten befaßt, dem Vermächtnis der psychedelischen sechziger Jahre.

So wie viele seiner Generation erkannte er, daß die Bücher Carlos Castanedas und die Literatur über Schamanismus und Okkultismus für die Suche nach Antworten auf diese Fragen von Bedeutung sind. In einem der Bücher Nevill Drurys, *Don Juan, Mescalito, and Modern Magic,* geht es dann auch vor allem um die Entsprechungen in den Weltanschauungen Don Juans, des Schamanen bei Castaneda, und der westlichen Magier und Okkultisten des späten neunzehnten und des zwanzigsten Jahrhunderts.

Im vorliegenden Buch setzt Nevill Drury seine Suche nach gemeinsamen Nennern von Schamanismus und heutigem Okkultismus im Westen fort. In diese Untersuchung fließen nicht nur sein anthropologisches Wissen über den Schamanismus ein, sondern auch die Erfahrungen, die er durch praktische Arbeit im Rahmen okkulter westlicher Magie im Verlauf von etwa fünfzehn Jahren gewonnen hat. Die Resultate sind außerordentlich wichtig. Nevill Drury zeigt, vielleicht deutlicher als die meisten vor ihm, daß in der Trance und den Visionen der modernen westlichen okkulten Magie zuweilen Aspekte auftreten, die denen des klassischen Schamanismus erstaunlich ähneln.

Er ist gründlich mit einer Literatur vertraut, die oft schwer zugänglich und okkult ist, und führt gute Beweise für die Parallelen zwischen Schamanismus und einigen Praktiken der modernen magischen Kulte an. Der *Aufstieg durch die Ebenen* und die *Wegbahnungen* des visionären Magiers des zwanzigsten Jahrhunderts haben zum Beispiel deutliche Entsprechungen in den Reisen des Schamanen in die Ober- und Unterwelt. Es gibt aber auch Unterschiede: z. B. wenn der Magier Archetypen des Tarot miteinbezieht, Kosmologien des alten Ägypten oder der Antike übernimmt oder sich durch die gelenkte Fantasie führen läßt.

Die Ähnlichkeiten sind trotzdem größer als zu erwarten war, und es fragt sich, ob die Inquisition das Hexenwesen (den Schamanismus) in Europa wirklich so gründlich ausgetrieben hat, wie gewöhnlich angenommen wird. Die psychedelischen Hexensalben des Spätmittelalters spielen in der okkulten Magie des Westens keine Rolle mehr, aber vielleicht ist ein dünner Faden der Überlieferung doch nicht abgerissen, der dann zu Beginn des Jahrhunderts einige Praktiken des *Hermetic Order of the Golden Dawn* beeinflußte.

Es ist natürlich gut möglich, daß die Parallelen zwischen Schamanismus und der okkulten Magie des Westens vor allem auf eine Wiederentdeckung zurückzuführen sind, die durch Probieren herausbekommen will, was *funktioniert*. Ganz gleich, was die tiefsten

Gründe für die interessanten Ähnlichkeiten sein mögen, die Nevill Drury aufzeigt, hat er auf jeden Fall eine ungewöhnliche und faszinierende Arbeit vorgelegt.

Michael Harner, New York City, 12. Februar 1981

Einleitung und Danksagung

Die schwer faßbare Gestalt des Schamanen, gleichermaßen Medizinmann und Zauberer, Mystiker und Heiler, ist erneut in den Mittelpunkt des Interesses gerückt. Es gibt eine beträchtliche anthropologische Literatur über den Schamanismus, und Gelehrte wie Mircea Eliade, Michael Harner, Peter Furst, Erika Bourguignon, Agehananda Bharati, Joan Halifax und A. F. Anisimov haben neben anderen Wichtiges zum Thema vorgelegt. Das allgemeine Interesse an der Rolle des Schamanen, seinem Beitrag zum modernen Denken, ist zweifellos durch Carlos Castaneda geweckt worden, dessen Bücher international sehr erfolgreich waren und seine Begegnungen mit dem Schamanen und Zauberer Don Juan schildern, die inzwischen Legende sind.

Mit gewisser Berechtigung hat Richard de Mille auf anthropologische und linguistische Widersprüchlichkeiten in Castanedas Schriften hingewiesen, und zwar in seinen Arbeiten *Castaneda's Journey* und *The Don Juan Papers*. Ob nun Castanedas Berichte aus der Welt der Schamanen wirklich authentisch oder teilweise erfunden sind, Tatsache bleibt, daß die Grundthematik und die dargestellte Weltanschauung mit der Sicht der Schamanen übereinstimmen. Der Schamanismus läßt sich als eine überall anzutreffende Form beschreiben, die den Menschen über die magische Reise mit dem Kosmos verbindet; die Anthropologen haben immerhin festgestellt, daß sich die Grundthemen des Schamanismus in Sibirien, Japan, Australien, Nord- und Südamerika auffallend ähneln.

Ich interessiere mich aus zwei Gründen für das Material. Zum einen studierte ich Anthropologie, und zum anderen ist meine persönliche spirituelle Ausrichtung, wie ich das in aller Bescheidenheit nennen möchte, von der Tradition westlicher Geheimlehren geprägt. Die großen Inhalte, die dem Schamanismus und der westlichen Magie gemeinsam sind, wurden hier also nicht bloß aus akademischem Interesse zusammengebracht, sondern sollen zeigen, daß auch in der modernen Welt unserer Städte der mythische Weg zum menschlichen Bewußtsein neben der angewandten Naturwissenschaft eine wesentliche Rolle spielt.

Ich meine vor allem die mögliche Alternative, die sich in der westlichen Tradition magischer und mythologischer Geheimlehren denen bietet, die sich nicht eigens mit einem Indianer der Jivaro oder Huichol auf eine Schamanenreise begeben können.

Da sich das Buch an die Durchschnittsleser wendet, die sich für das Denken des Schamanismus und der Magie interessieren, habe ich ein Kapitel, das sich eingehender mit den Zuständen des Bewußtseins befaßt, als Anhang A beigefügt. Solche psychologischen Ausblicke sind akademisch gesehen interessant, stehen aber in einem gewissen Gegensatz zur eigentlichen dichterischen Kraft des Schamanismus und der visionären Magie, die hoffentlich in den mythischen Reisen sichtbar wird, die sich in diesem Buch finden.

Ich möchte allen danken, die mir freundlicherweise erlaubten, aus ihrem urheberrechtlich geschützten Material zu zitieren: Dolores Ashcroft-Nowicki für Stellen aus *Highways of the Mind*, zuerst veröffentlicht in *Round Merlin's Table,* Catherine Colefax und Cheryl Weeks für den *Zugang* und die *Magische Reise* zum Kosmischen Drachen, Moses Aaron für seinen Bericht über die magische Begegnung mit Pan.

1

Die Welt des Schamanen

Ein legendärer Heiler der Ibo mit Namen Manang Bungai führte 1951 ein drastisches Ritual aus, bei dem ein Incubus oder böser Geist vernichtet werden sollte, dem man die Schuld am Tod eines kleinen Mädchens gab.

Bungai betrat im Lendenschurz und mit einem Speer bewaffnet einen verdunkelten Raum und begann den Incubus mit Beschwörungen herbeizurufen. Die Zuschauer konnten nicht genau erkennen, was sich abspielte, und befanden sich in einem Zustand erhöhter Beeinflußbarkeit.

Schon bald war ein Kreischen, eine geräuschvolle Rauferei zu hören, und dann tauchte Bungai mit blutverschmiertem Speer auf und behauptete, dem Incubus tödliche Wunden beigebracht zu haben. Einigen erfahrenen Jägern der Ibo war klar, daß Bungai eigentlich mit einem Affen gekämpft hatte, und der Anthropologe Derek Freeman, der als Beobachter anwesend war, fand das später aufgrund von Blutuntersuchungen bestätigt. Die Mehrzahl der Ibo glaubte allerdings, daß ihr Heiler und Zauberer auf mystische Weise mit einem Feind zusammengestoßen war.

Im Falle Bungais handelt es sich um einen Schamanen, der eigentlich keiner ist. Für den echten Schamanismus ist kennzeichnend, daß er einen Zugang zu anderen Bereichen des Bewußtseins schafft. Mircea Eliade bemerkt: »Der Schamane ist der Spezialist einer

15

Trance, in der seine Seele den Körper zu Himmel- und Unterweltfahrten verläßt.«[1]

Der Schamane ist tatsächlich ein Meister über geistige Wesen, der sich auf verschiedene kosmische Ebenen wagt. Wenn sich der angehende Schamane der Jivaro in die Nähe der heiligen Wasserfälle begibt, um die Kraft des *arutam wakan* zu suchen, die seelische Kraft, die mit der visionären Erfahrung gleichgesetzt wird, nimmt er *natema* ein, das halluzinogene Getränk, das aus der Liane Banisteriopsis hergestellt wird und ihm den Zugang zur Geisterwelt ermöglicht. In seinen Visionen sieht er vielleicht ein Paar riesiger mythischer Jaguare auf sich zu rollen, die wild kämpfen, oder zwei gewaltige, sich umwindende Schlangen, und seine Aufgabe besteht darin, die Wirklichkeit der Vision dadurch zu meistern, daß er losrennt und sie berührt. Michael Harner stellt fest, daß für den Jivaro das Übernatürliche die wirkliche Welt ist, und so läßt sich der Schamane als ein *Meister der Ekstase* begreifen. Der Schamane ist aber auch in einem ganz realen Sinn ein *Reisender,* ein Visionär, der Zugang zu anderen Dimensionen der Erfahrung hat.

Der Fall Deguchi Onisaburo ist eines der ungewöhnlichsten Beispiele für diese Art des Schamanismus, und er führte in Japan zur Entstehung der religiösen Omoto-Bewegung. Deguchi, der als Jugendlicher offenbar nicht sehr kräftig war, wurde 1898 von einigen Glücksspielern fast zu Tode geprügelt und sank in Koma. Als er wieder zu sich kam, erklärte er, daß er sich in eine Höhle des Berges Takakuma begeben habe, um dort zu fasten. Danach sei er durch himmlische und höllische Reiche gereist. Auf der Reise seien ihm okkulte Kräfte wie Hellsehen und Hellhören verliehen worden, und er habe bis zur Erschaffung der Welt zurückblicken können. Zu seinen Visionen gehört auch eine Begegnung mit dem König der Unterwelt, der sich im Nu von einem weißhaarigen alten Mann mit sanftem Gesicht in einen schrecklichen Dämonenherrscher mit leuchtendrotem Antlitz, Augen wie Spiegel und einer Flammenzunge verwandeln konnte.[2]

Hier treffen wir auf ein Thema – die Veränderung durch die symbolische Vision –, das im Schamanismus immer wiederkehrt, und im Bericht heißt es, daß Deguchi immer von neuem getötet, wie eine Birne mit einer scharfen Klinge zerschnitten, auf Felsen zerschmettert wurde, daß er erfror, verbrannte, von Lawinen begraben wurde ... sich in eine Göttin verwandelte, und dennoch bleibt er siegreich über die Kräfte des Todes und kehrt von seiner Reise zurück, was ihm seine ehrfurchtgebietende Stellung unter den Mitmenschen verschafft. Die Meisterung der Gefahren und Prüfungen der visionären Reise, die durch Tod und Wiedergeburt führt, läßt den Schamanen zu den *Auserwählten* gehören. Die Thematik der Zerstückelung, der Auffahrt zum Himmel und des Abstiegs in die Unterwelt, weist deutlich auf eine Initiation hin. Nach der schweren Prüfung befindet sich Deguchi bezeichnenderweise in der Mitte der Welt auf dem Gipfel des gewaltigen Bergs Sumeru. Ihm wird die Vision der Erschaffung der Welt gewährt, und er erreicht einen Fluß, auf dessen anderer Seite das Paradies liegt. Vor sich sieht er auf einem riesigen Lotos einen wunderbaren Palast aus Gold, Achat und Edelsteinen. Er ist von blauen Bergen und den golden flutenden Wellen eines Sees umgeben. Goldene Tauben fliegen über ihm durch die Lüfte.[3]

Einige Aspekte der Reise Deguchis sind typisch für den gesamten Schamanismus: Er befindet sich in einem Zustand psychischer Dissoziation, hervorgerufen durch Todesnähe; er erwirbt sich visionäre Kräfte von den Wesen, denen er begegnet; er reist zu einem magischen Berg, der dem Weltenbaum anderer Kulturen entspricht, und erreicht schließlich die *Mitte der Welt*. Zu seiner Erleuchtung gehört eine Vision des Ursprungs der Welt, dazu die Schau heiterer und majestätischer Landschaften und eindrucksvoller Tempel. Trotz Deguchis traumatischer Begegnungen mit mächtigen kosmischen Kräften ist er schließlich eine veränderte und *wiedergeborene* Gestalt. Die Initiation steht im Schamanismus wie in der zeitgenössischen Magie an zentraler Stelle, und auf einigen Stufen der mystischen Reise kommt es leicht zu Krisen, die spezifische Initiationen bewirken. Das Schema der Veränderung nimmt in den einzelnen Kulturen unterschiedliche Formen an, je nachdem, wie das mythische Universum und die Hierarchien der Götter gesehen werden.

Der Kosmos und seine Bewohner

Da der Schamane als Vermittler zwischen den Welten des Heiligen und Profanen, der Menschen und Götter oder Geister auftritt, hat er einen besonderen Zugang zu einem genau bezeichneten Kosmos. Die eigentliche Kosmologie mit ihren Ebenen und Hierarchien kann verhältnismäßig einfach sein, wie bei der australischen Urbevölkerung und vielen süd- und mittelamerikanischen Stämmen, aber auch sehr vielschichtig, wie im sibirischen Schamanismus.

Die Jivaro zum Beispiel glauben, daß alles Wissen, das mit *tsentsak* oder magischer Kraft zusammenhängt, von Tsuni, dem ersten Schamanen des Mythos stammt, der noch heute lebt. Er hält sich im Wasser in einem Haus auf, dessen Wände aus wie Palmstämme aufrecht stehenden Anakondas gebildet sind, und er sitzt auf einer Schildkröte wie auf einem Hocker. Es heißt, er habe weiße Haut und langes Haar, und er gäbe bevorzugten Schamanen spezielle Quarzkristalle *(tsentsak)*, die besonders tödlich wirken. Kein Schamane kann Tsuni standhalten oder ihn überwinden.[4]

Der Himmelsgott der Medizinmänner der Wiradjeri im westlichen New South Wales hat eine vergleichbare Funktion. Er heißt Baiame und wird als »sehr großer alter Mann mit langem Bart« beschrieben, »der mit untergeschlagenen Beinen in seinem Lager sitzt. Zwei große Quarzkristalle ragen aus seinen Schultern in den Himmel über ihm auf.«[5]

Baiame erscheint manchmal in den Träumen der Ureinwohner. Er läßt einen heiligen Wasserfall aus flüssigem Quarz über ihre Körper strömen. Dann wachsen ihnen anstelle der Arme Flügel. Später lernt der Träumer fliegen, und Baiame versenkt ein Stück magischen Quarz in seine Stirn, damit er ins Innere der Dinge zu blicken vermag. Danach werden dem neuen Schamanen eine innere Flamme und eine himmlische Schnur eingepflanzt.[6]

Die Mazateca-Indianer in Mexiko hingegen sind vom Christentum beeinflußt und haben einige Elemente daraus in ihre ursprüngliche Kosmologie übernommen. Sie verwenden den Psilocybin-Pilz, und ihre Schamaninnen versetzen sich durch diese Bewußtseinsveränderung in die Lage, die Ursache von Krankheiten bestimmen zu können. Die Mazateca-Indianer glauben, daß Gehölze und Abgründe von Gnomen oder Zwergen bewohnt sind, die *laa* genannt werden, sie haben aber auch Christus und die Jungfrau Maria in ihren Glauben eingefügt.

Bei den Mazateca-Indianern nehmen sowohl Patient wie Schamanin Heilige Pilze ein, damit auch der Kranke die heilenden Worte, die aus der Geisterwelt kommen, hören und seinen Beitrag zur Heilung leisten kann. Munn berichtet, daß die Schamanin, während sie in Trance sinkt, eine Reise anzutreten scheint. Sie murmelt: »Laß uns auf die Suche nach dem Weg gehen, den Spuren ihrer Füße, den Spuren ihrer Nägel. Laß uns schauen, von der rechten Seite zur linken Seite.« Nach einigen Stunden erreicht sie offenbar einen Gipfel:

Da ist das Fleisch Gottes, da ist das Fleisch von Jesus Christus. Dort bei der Jungfrau.

Derartige schamanische Äußerungen klingen zwar einigermaßen rechtgläubig, sind aber häufig mit magischen Elementen durchsetzt. In einer anderen Zeremonie der Mazateca-Indianer findet sich folgendes:

Die Morgenröte der Dämmerung kommt und das Tageslicht. Im Namen des Vaters, des Sohnes und des Heiligen Geistes, im Zeichen des Heiligen Kreuzes, erlöse uns o Herr von unseren Feinden und allem Bösen …

Ich bin der, der heilt. Ich bin der, der mit dem Herrn der Welt spricht. Ich spreche mit den Berggipfeln. Ich bin der, der mit dem Kahlen Berg spricht.

Ich bin das Heilmittel und der Medizinmann, ich bin der Pilz. Ich bin der frische Pilz. Ich bin der große Pilz. Ich bin der wohlriechende Pilz. Ich bin der Pilz des Geistes.[8]

Zum schamanischen Prozeß gehört immer der direkte Kontakt mit den Göttern und Göttinnen, die ihren Dienern Grundprinzipien, das Gefühl des Kausalzusammenhangs, Gleichgewicht, Ordnung und damit Gesundheit und Wohlbefinden schenken.

Besonders bei amerikanischen Indianern, z. B. der Desana-Gruppe der ostkolumbianischen Tukano, sehen wir, daß die schamanische Vision nachdrücklich mit der ursprünglichen Wirklichkeit des Kosmos gleichgesetzt wird:

> Wenn der einzelne aus der Trance erwacht ist, bleibt er weiterhin von den religiösen Lehren überzeugt. Er hat alles gesehen: er hat *vai-mahse,* den Herrn des Wildes, und die Tochter der Sonne gesehen, er hat ihre Stimme vernommen.
>
> Er hat das Schlangen-Kanu über die Flüsse gleiten, hat die ersten Menschen aus ihm entspringen sehen.[9]

Die Vorstellung einer Reihe von Flüssen oder eines Ozeans des Seins, denen das Universum entstammt, findet sich als gemeinsames mythologisches Element in einigen voneinander unabhängigen Kosmologien, in einfachen wie auch komplexen Religionen. Ganz abgesehen von schamanischen Darstellungen taucht der Gedanke beispielsweise in den Schöpfungsmythen der Babylonier und in den kabbalistischen Geheimlehren der Juden auf.

Bei den Evenki oder Tungusen in Sibirien wird angenommen, daß das Universum aus einer Wasserwüste geboren wurde. In ihrer Mythologie spielen Flüsse eine große Rolle, und die Schutzgeister des Schamanen sind oft Wasservögel wie die Ente oder die Schellente.[10] Das Universum der Evenki ist typisch schamanisch, weil es der üblichen sibirischen Struktur der Dreiteilung entspricht. Drei Welten, die obere, mittlere und untere liegen übereinander um eine Mittelachse, einen Weltenbaum.

Die Evenki leben in der mittleren Welt. Sie können sich nach oben an die gütigen Himmelsbewohner wenden oder nach unten an die Welt der Toten, der Geisterahnen und der Herrin der Unterwelt. Dieser Dualismus wird durch die Tatsache betont, daß das Wort für die obere Welt *(uga buga)* seinen Ursprung in einem Ausdruck hat, der »auf den Morgen zu« bedeutet, während das für die Unterwelt *(khergu-ergu buga)* »auf die Nacht zu« bedeutet.[11]

Die Evenki glauben, die Himmelsbewohner in *uga buga* führen ein Leben wie das in der mittleren Welt, allerdings auf einer höheren Stufe. Amaka zum Beispiel, der den ersten Evenki den Gebrauch des Feuers und die Fertigung von Werkzeugen beibrachte, wird als sehr alter Mann gesehen, der mit Pelzen bekleidet inmitten von Schätzen, Gold, Kupfer und Silber lebt. Er ist von großen Herden umgeben, die auf saftigen Weiden grasen.[12] Zu den wichtigen Gottheiten der Evenki gehört auch *ekscheri*, höchster Herr der Tiere und des Schicksals. Die örtlichen Geister, die über die Berge, Flüsse und Bäche herrschen, sind ihm untergeordnet. Er strengt sich für die Evenki an und sammelt Hitze für sie, und wenn der Frühling kommt, nehmen seine Söhne den Beutel und schütten die Hitze in die mittlere Welt aus.

Khergu-ergu buga stellt einerseits eine Welt dar, die der Menschenwelt ganz entgegengesetzt ist. Lebende Wesen werden dort zu toten, und die Toten werden lebendig.[13] Tiere und Wesen, die in der Unterwelt wohnen, werden unsichtbar, wenn sie auf die mittlere

22

Zone übergehen, und Schamanen-Helden, die sich in die Unterwelt wagen, werden dort nur von den Schamanen jener Region gesehen.

In der Unterwelt der Evenki halten sich verstorbene Stammesangehörige und die Geister des Bösen und der Krankheiten auf.

Die Verstorbenen stellen dort weiter ihre Fallen auf, fischen und jagen, aber ihre Körper sind kalt, und ihnen fehlt die Lebenskraft der mittleren Welt. Andererseits sind die Ahnengeister, die dort wohnen, nur halbmenschlich und mit Reinkarnationen der Totems verbunden. Es gibt freilich ein Durchbrechen der Ebenen, und das ist die Aufgabe des Schamanen. Das Loch, das ins Himmelsgewölbe führt, wird von einer alten Frau, der Herrin des Universums, bewacht, und manchmal wird sie in einer tierisch-menschlichen Form gesehen und trägt Hörner auf dem Kopf. Ihre Aufgabe am Eingang zum Himmel besteht darin, den Weg zum Sitz des Herrschers der himmlischen Lichter zu weisen.

Eine entsprechende weibliche Gottheit wacht über die Tiere der Clan-Länder unter der Erde. Wenn der Schamane einer Jagd Erfolg verschaffen will, reist er hinab unter die Wurzeln des heiligen Baums und sucht sie auf. Schutzgeister helfen ihm bei der Überwindung verschiedener Hindernisse, und er tritt vor die Herrin des Clans und bittet sie, Tiere für die Jagd freizugeben. Vielleicht hält sie die Tiere von der mittleren Welt zurück, weil entscheidende Tabus gebrochen wurden. Der Schamane versucht, magische Schnüre von ihr zu erlangen, die er in seiner speziellen Trommel versteckt. Wenn er zur mittleren Welt zurückkehrt, schüttelt er sie aus seiner Trommel und gibt zu verstehen, daß sie sich in wirkliche Tiere verwandeln werden.[14] Der symbolische Baum ist in der Kosmologie die wesentliche

Säule, denn er verbindet die drei Ebenen der Wirklichkeit. Die Baumkrone reicht in den Himmel, der Stamm trägt die mittlere Welt, und die Wurzeln reichen hinab in die Unterwelt. Die Trommel des Schamanen ist häufig aus dem Holz des Weltenbaumes gefertigt und so ein Symbol seiner Reise auf ihm. Die Evenki von Chumikan und am oberen Seja setzen den Baum mit der Quelle des Lebens gleich: »Der Mensch wurde aus einem Baum geboren. Es gab einen Baum, der teilte sich. Zwei Leute kamen heraus, ein Mann und eine Frau.«[15] Mircea Eliade sieht im Baum ein wichtiges Motiv des Schamanismus. Er schreibt: »... wenn er sie (die Weltachse) erklettert, unternimmt der Schamane eine ekstatische Reise zum Zentrum.«[16] In diesem Sinn ist das Zentrum der Ursprung allen Seins, die Quelle, aus der alles zu erklären ist, was in der Tagwelt geschieht. Interessant ist, daß die Himmelsherrscherin und die unterweltliche Herrin des Clans sich ähneln, auch wenn eine Art Dualismus mitschwingt; das Obere und das Untere sind sozusagen zwei Seiten einer Münze.

Einige Anthropologen haben versucht, den Schamanismus mit Jagdpraktiken gleichzusetzen, während Eliade feststellt, daß das eigentliche Wesen der schamanischen Kosmologie eine viel umfassendere Grundlage hat:

Obwohl das schamanische Erlebnis im eigentlichen Sinn dank der kosmologischen Vorstellung von den drei kommunizierenden Zonen zum mystischen Erlebnis werden konnte, gehört diese kosmologische Vorstellung nicht ausschließlich der Ideologie des sibirischen und zentralasiatischen oder eines beliebigen anderen Schamanismus an. Es handelt sich hier um einen allgemein verbreiteten Gedanken, der aus dem Glauben an die Möglichkeit einer direkten Verbindung mit dem Himmel erwachsen ist. Die Schamanen ... verwandeln einen kosmotheologischen Gedanken in ein *konkretes mystisches Erlebnis* ... Der *wirkliche Verkehr* zwischen den drei kosmischen Zonen ist nur ihnen möglich.[17]

Die symbolische Aufmachung und Ausrüstung

Da es Aufgabe des Schamanen ist, von einer kosmischen Zone in die andere zu reisen, überrascht uns nicht, daß seine ganze Funktion als Techniker des Heiligen das Wesen der Götter spiegelt, mit denen er zu tun hat. Bezeichnenderweise versucht der Schamane auf eine Weise zu handeln, die der Region angemessen ist, in die er sich begibt. Der Schamane wird zwar häufig von tierischen Schutzgeistern begleitet, kann sich aber zum Beispiel auf seiner Reise selbst in ein Tier verwandeln.

Die japanischen Schamanen, die Carmen Blacker studierte, trugen eine Kappe aus Adler- und Eulenfedern, und ihre Umhänge waren mit ausgestopften Schlangen geschmückt. Das alles sind Mittel, die den Übergang von einer Welt in die andere erleichtern. »Die magischen Gewänder und Geräte, von denen die Trommel das wichtigste ist, stellen durch ihre Form, durch die Materialien, aus denen sie bestehen, durch die eingravierten Muster und Figuren, symbolische Verbindungen mit der anderen Welt dar.«[18]

Eliade bemerkt, daß der Schamane durch das Anlegen der Tracht den profanen Raum überschreitet und sich rüstet, mit der geistigen Welt in Berührung zu treten.[19] Der Schamane der Jakuten hat einen Kaftan, der eine Sonnenscheibe trägt, die manchmal für die Öffnung in der Erde gehalten wird, durch die der Schamane in die Unterwelt dringt. Bei den Golden zeigt der Umhang des Schamanen wiederum Motive des Weltenbaumes und Tiere wie Bären und Leoparden, dazu in der Mitte eine Sonne. Andere Trachten spiegeln auf ähnliche Weise die gültige Mythologie wider. Die Tracht der Buriäten ist mit Eisenschmuck überladen, der die eisernen Knochen der Unsterblichkeit symbolisiert, während die Bären, Leoparden, Schlangen und Eidechsen auf ihr die Hilfsgeister des Schamanen darstellen.[20]

Daß der Schamane versucht, mit dem Geisterreich in Übereinstimmung zu sein, überrascht nicht. Sein veränderter Bewußtseinszustand versetzt ihn in eine Dimension, in der die Mythen der Ahnen in der Trance zu Wirklichkeiten werden, die auf Erfahrung beruhen. Der Schamane ist durch seine Tracht mit den Göttern verbunden. Sie zeigt, daß er als geeigneter Vermittler zu ihnen gehört.

Besondere Aufmerksamkeit verdient die Schamanentrommel. Ihr Rahmen wird stets aus dem Holz des Weltenbaumes gefertigt – bei den Tungusen zum Beispiel aus der Lärche –, und das Fell hat direkt mit dem Tier zu tun, auf dem der Schamane in die Unterwelt reitet. Der Anthropologe Potapov entdeckte, daß bei den Altaiern die Schamanentrommel nicht nach den Tieren benannt wird, deren Häute für Herstellung verwendet werden (wie die des Kamels oder gescheckten Pferdes), sondern nach den Haustieren, auf denen der Schamane in der mittleren Welt reitet. In vielen schamanischen Kulturen *ist* die Trommel das

Roß, und ihr monotoner Rhythmus erinnert an sein Galoppieren.

Auf der Ebene der Kontemplation hilft der Klang der Trommel dem Schamanen bei der Sammlung. Er schafft eine Atmosphäre der Konzentration und Entschlossenheit, läßt ihn in tiefe Trance sinken, während er seine Aufmerksamkeit auf die innere Geistreise richtet. Erika Bourguignon schreibt:

... Trommeln, Tanz usw. schließen weltliche Dinge aus und helfen den einzelnen, sich auf das zu konzentrieren, was von ihnen erwartet wird. In Haiti werden während der Voodoo-Sitzungen die Geister mit Hilfe von Trommelrhythmen, Liedern, Tänzen und rituellen Utensilien herbeigerufen, und gewisse Menschen reagieren auf diese Stimmungen, treten in einen veränderten Bewußtseinszustand ein und agieren die passende Geisterrolle aus.[21]

Die psychedelische Komponente

Ein häufiger, aber nicht unbedingt grundlegender Aspekt des Schamanismus ist die Verwendung psychedelischer Drogen. Schultes schreibt, daß diese Drogen »auf das Zentralnervensystem wirken und einen traumähnlichen Zustand hervorrufen, der sich durch eine extreme Änderung im Bereich der erlebten Wahrnehmung der Wirklichkeit äußert, wobei selbst Zeit, Raum und das Bewußtsein des eigenen Selbst anders erfahren werden.«[22]

Interessanterweise gibt es in der Neuen Welt viel mehr Rauschpflanzen als in der Alten, nämlich mindestens vierzig Arten halluzinogener oder die Fantasie anregender Rauschmittel, während sich in der Alten Welt ursprünglich nur etwa ein halbes Dutzend findet.

Zu diesen Drogen, die mit dem Schamanismus verknüpft sind, gehören Banisteriopsis Caapi, das im westlichen Amazonasgebiet unter den Namen *Ayahuosca, Caapi* oder *Yage* bekannt ist, Datura im amerikanischen Südwesten und in Mexiko, wie auch bei den Stämmen in Kolumbien, Ecuador und Peru, Meskal-Bohnen, die im Rote-Bohnen-Tanz der Prärie-Indianer verwendet werden, das Windengewächs Ololiuhqui, das die Curanderos in Oaxaca einsetzen, der Peyote-Kaktus, den die mexikanischen und nordamerikanischen Indianer nehmen, und Psilocybe mexicana, ein wichtiger rauscherzeugender Pilz, der ebenfalls in Oaxaca verwendet wird.[23]

Michael Harner hat darauf hingewiesen, daß sich eine gemeinsame Thematik herausschält, wenn die Erfahrungen mit Yage in den einzelnen Kulturen Südamerikas verglichen werden.[24]

Die Droge kann Schwindel erzeugen, das Gefühl, durch die Luft zu fliegen, sie führt zur Vision herrlicher Städte, Parks, Wälder und fantastischer Tiere. Häufig entsteht im Betroffenen der Eindruck, die Seele begebe sich auf einen Flug. Nach Harner sprechen die Jivaro tatsächlich bei dem Flug der Seele von einer Reise, während bei den Conibo-Shipibo-Indianern des östlichen Peru die Erfahrung mit Ayahuasca den Schamanen ermöglicht, den Körper in Gestalt eines Vogels zu verlassen, der nachts einen weit entfernten Menschen töten kann. Bei anderen Anlässen versuchen diese Schamanen, in Krankheit versunkene Seelen von einem anderen Schamanen zurückzuerobern. Der Schamane bei den Quijo ist in der Lage, magische Pfeile wahrzunehmen, die von anderen Schamanen geworfen wurden und zu Krankheit und Tod führen. Die Conibo glauben wie die Jivaro, daß Ayahuasca sie befähigt, in übernatürliche Bereiche der Welt vorzudringen, wo sie Dämonen und andere Geister in der Luft erblicken.[25]

Reichel-Dolmatoff hat beschrieben, wie die halluzinogene Droge ihren Platz in einem schamanischen, mythischen Kontext hat. Bei den Tukano wurde die Yage-Pflanze im mythischen Anfang der Welt erschaffen und ist deshalb heilig. Aufgabe des Schamanen ist es, den Teilnehmern am Ritual zu ermöglichen:

... zum Uterus, zur *fons et origo* aller Dinge zurückzukehren, wo der Einzelne die Stammesgottheiten erblickt, die Erschaffung von Universum und Menschheit, das erste Paar, die Erschaffung der Tiere und die Einsetzung der Gesellschaftsordnung ...

Laut den Tukano beginnt die Vision nach einem Stadium unbestimmter, leuchtender, bewegter Formen und Farben klar zu werden, und wichtige Einzelheiten werden sichtbar. Die Milchstraße taucht auf, der ferne Widerschein der Sonne.

Die erste Frau entsteigt den Wassern des Flusses, und das erste Paar der Ahnen bildet sich. Der übernatürliche Herr der Tiere des Urwalds wird wahrgenommen, dazu die riesigen Urbilder des Wilds, der Ursprung der Pflanzen – sogar der Ursprung des Lebens selbst. Die Ursprünge des Bösen manifestieren sich ebenfalls, Jaguare und Schlangen, die für Krankheit stehen, und die Geister des Urwalds, die dem einsamen Jäger auflauern. Gleichzeitig sind ihre Stimmen zu hören, die Musik der mythischen Zeit, und die Ahnen sind zu sehen, die in der Morgendämmerung der Schöpfung tanzen.[26]

Gordon Wasson, der Pionier der anthropologischen Erforschung der Pilze, hat inzwischen auch studiert, wie die Mazateca-Indianer mit Ololiuhqui-Samen und dem Psilocybin-Pilz umgehen. Fasziniert entdeckte er, daß in der Mischung aus christlichen und ursprünglichen Glaubensinhalten die katholische Lehre der Transsubstantiation zur psychedelischen Wirklichkeit wird.

Vor der Mycological Society of America sagte er 1960 in einem Vortrag:

Die Azteken nannten vor der Ankunft der Spanier die heiligen Pilze *Teonanacatl*, Fleisch Gottes. Ich brauche Sie kaum an die beunruhigende Parallele, an die Benennung der Elemente unserer Eucharistie erinnern: ›Nehmet, esset; das ist mein Leib‹ und ›Laß uns daher, barmherziger Herr, das Fleisch deines lieben Sohnes essen.‹ Und doch besteht ein Unterschied. Der rechtgläubige Christ muß daran glauben, daß das Wunder der Wandlung das Brot zum Fleisch Gottes werden läßt. Das bedeutet die Lehre von der Transsubstantiation. Im Gegensatz dazu überzeugt der Pilz der Azteken aus sich heraus: jeder Kommunikant wird für das Wunder einstehen, das er erfahren hat.[27]

Wasson, dem wir die Erkenntnis verdanken, daß das Soma des indischen Rigveda mit dem halluzinogenen Fliegenpilz *Amanita muscaria* identisch ist, ist der Ansicht, daß die Eleusinischen Mysterien ebenfalls psychedelischer Natur waren. Wasson interessierte die Tatsache, daß Plato im Tempel von Eleusis das heilige Getränk zu sich genommen und die Nacht über die *Große Vision* gesehen hatte. Wasson wollte untersuchen, ob die visionäre Erfahrung Platos und anderer nicht vielleicht auf eine Art von schamanischem Ritual zurückging. Plato stellte im *Staat* seine Gedanken über die ideale Welt der Archetypen vor, in der die wahren Faktoren des Lebens ihren Ursprung haben.

Wasson, der in seiner Auffassung vom Entdecker des LSD, Albert Hofmann, bestärkt wurde, glaubt jetzt, daß die Vision in Eleusis vom Mutterkornpilz hervorgerufen wurde, der sich auf Weizen- und Gerstenähren findet. Der Tempel der Demeter lag in der Nähe der ausgedehnten Weizen- und Gerstenfelder der Rharischen Ebene, und die Mysterien deuten auf einen Zyklus der spirituellen Wiedergeburt, der eng mit Demeters und Persephones Beziehung zu Weizen und Gerste verknüpft war.

Die Eingeweihten versammelten sich im Telestrion und erlebten eine visionäre Erleuchtung. Wasson schließt jedoch aus den archäologischen Befunden, daß es sich nicht um Rituale mit Theatercharakter gehandelt hat. »Was dort gesehen wurde, war keine Aufführung durch Schauspieler, sondern es handelte sich um Phasmata[28], Geistererscheinungen, und vor allem zeigte sich der Geist Persephones selbst.«[29]

Er bemerkt, daß der Dichter Pindar und der Trauerspieldichter Sophokles den Wert dessen bezeugten, was in Eleusis gesehen wurde:

Außerdem traten mit der Vision körperliche Symptome auf, Angst und ein Zittern der Glieder, Schwindelanfälle, Übelkeit und kalter Schweiß. Dann kam es zur Vision, zu einer Schau inmitten einer Aura von hellem Licht, das plötzlich in der verdunkelten Kammer aufflackerte ... Die Spaltung von Himmel und Erde löste sich in einer Lichtsäule auf.

Hier geht es nicht um ein Schauspiel oder eine Zeremonie, sondern diese Reaktionen sind bezeichnend für eine mystische Vision: und da sie jedes Jahr Tausenden von Eingeweihten nach einem festen Zeitplan geboten werden konnte, scheint sie offenbar durch ein Halluzinogen herbeigeführt worden zu sein.[30]

Wasson bezieht sich auf Hinweise in der Homerischen Hymne an Demeter und kommt zum Schluß, daß das heilige Getränk aus Gerste, Wasser und einer wohlriechenden Minze mit Namen *blechon* bestand. Da diese Minze nicht psychotrop wirkt, nimmt Wasson an, daß die Gerste für die Bewußtseinsveränderung sorgte, und sieht daher im Mutterkorn auf Gerste den entscheidenden Bestandteil.[31]

Im antiken Griechenland wurde der schamanische Flug nicht immer durch Halluzinogene ausgelöst, doch findet sich im allgemeinen in Berichten über ihn eine vergleichbare Thematik. Das bedeutet freilich auch, daß die halluzinogenen Drogen als solche nur Katalysatoren für diese Erfahrungen sind und den kosmologischen Inhalt, der im veränderten Bewußtseinszustand des Schamanen auftritt, nicht aus sich heraus erzeugen. Es gibt aus dieser Zeit einen genauen Bericht über eine Seelenreise in Trance, die nicht auf Halluzinogene zurückzuführen ist, und zwar über Aristeas von Prokonnesos, der von einigen Autoren erwähnt wird, so von Herodot, Plinius, Maximus von Tyros und im Suda. Die Beschreibung des Plinius erinnert besonders an die Schamanen in Zentral- und Südamerika, und auch an Carlos Castanedas eindringlichen Bericht über die Verwandlung des Schamanen in eine Vogelgestalt.[32] Plinius schreibt:

»... man sah die Seole des Aristeas aus seinem Mund fliegen ... in Gestalt eines Raben.« Bei Maximus finden sich mehr Einzelheiten:

In Prokonnesos gab es einen Mann, dessen Körper lebendig lag, aber nur noch die schwächsten Lebenszeichen zeigte, in einem Zustand, der dem Tod sehr nahe war. Inzwischen verließ ihn die Seele und zog wie ein Vogel am Himmel dahin, betrachtete unten alles, Land, Meer, Flüsse, Städte, die Völker der Menschen und alle möglichen Geschehnisse und Geschöpfe. Wenn sie in den Körper zurückkehrte und ihn aufrichtete, behandelte sie ihn wie ein Instrument und erzählte von den verschiedenen Dingen, die sie erblickt und an unterschiedlichen Orten gehört hatte.

Der Bericht des Aristeas über seine Streifzüge in Trance ist in seinem Gedicht *Arimaspea* enthalten, das in Fragmenten überliefert ist. Es beschreibt im einzelnen seine Trance-Reise über Skythien hinaus bis ins Land der Issedonen, und dann über schneebedeckte Gebirge hinweg auf einen goldenen Schatz zu, der von Greifen bewacht wurde, die dem Sonnengott Apollo heilig waren. Im Gedicht verbinden sich geographische Komponenten mit mythischen, und nach Maximus hatte Aristeas in seinem übernatürlichen Zustand ›einen viel klareren Blick auf den Himmel als von der Erde unten‹. Aristeas ist also ein Schamane des klassischen Griechenland, der wie die sibirischen Spezialisten der Trance in der Lage war, aus seinen visionären Reisen ein besonderes Wissen zu ziehen.

Der gemeinsame Faktor schamanischer Erfahrung ist, unabhängig von den einzelnen kulturellen Gegebenheiten, der veränderte Bewußtseinszustand, der durch Techniken hervorgerufen wird, die in einem gewissen Maß eine psychische Dissoziation auslösen. Daher ist es wichtig, die unterschiedlichen Methoden der Herbeiführung der Trance zu betrachten, da sie ein integraler Bestandteil der Schamanenreise zur Umwandlung des Selbst hin sind.

Martin Carey: Schamanische Transformationen

2

Die schamanische Trance

Wird der Zustand der Trance herbeigeführt, zieht sich das Bewußtsein von der Alltagswelt zurück. Eine Verschiebung findet statt, auf die innere Welt der Träume, Gedanken und Bilder zu. Im Fall des Schamanen geht es nicht nur um die Trance, denn die findet sich auch bei Medien, Epileptikern und Schizophrenen.

Im Schamanen haben wir einen Menschen, der die Dimension der Trance meistern kann und in der Lage ist, die Bereiche des Kosmos zu erkunden, die ihm sein veränderter Bewußtseinszustand zugänglich gemacht hat. Im Gegensatz zum spiritistischen Medium, in das während der Trance Geister eindringen und das sich oft bei Wiedererlangung des Bewußtseins an nichts erinnern kann, erwacht der Schamane aus der Trance und kann sich bewußt an die Reise zu den Göttern oder Ahnengeistern erinnern und kennt ganz genau die magischen Heilungen oder andere Heilverfahren, die er dort erfahren hat. Der Anthropologe Horst Nachtigall hat es so formuliert:

> Ein wichtiges Kennzeichen des Schamanen ist seine Fähigkeit, in der Trance die Bewußtseinsebene zu verschieben. Sein normales Bewußtsein ist blockiert, und in seinem Unbewußten tauchen Szenen aus der Mythologie und Religion seines Volkes auf.[1]

So befanden sich die japanischen Schamanen, die Carmen Blacker studierte, entweder in einer Trance, die von heftigem Zittern begleitet war, oder in einem »tiefen Koma, in dem die Lebensfunktionen herabgesetzt waren. In diesen Zustand muß der Körper des Asketen fallen, wenn seine Seele ihn verlassen will, um in andere Bereiche des Kosmos zu reisen.«[2]

Die Trance kann durch eine Anzahl Techniken hervorgerufen werden, die das Bewußtsein von der äußeren Welt der Sinne in die innere der Kontemplation versetzen. Sie kann, beispielsweise durch sensorische Deprivation, einen vollständigen Entzug äußerer Sinnesreize hervorrufen, was zum Ausgleich im Innern dazu führt, daß Bilder aufsteigen. Schlaflosigkeit und Übermüdung, Fasten und Atemübungen wie auch halluzinogene Drogen können sie ebenfalls auslösen.

Die veränderten Bewußtseinszustände und die Trance sind an sich nicht an bestimmte Kulturen gebunden. Erika Bourguignon untersuchte fünf Jahre die Berichte über Bewußtseinsveränderung in der anthropologischen Literatur und kam zum Schluß, daß »in traditionellen Gesellschaften mindestens einige veränderte Zustände im allgemeinen in das System geheiligter Glaubensinhalte und den Umgang mit übernatürlichen oder übermenschlichen Mächten integriert werden.« Sie fand auch heraus, daß »veränderte Bewußtseinszustände überall anzutreffende Phänomene sind, die wie immer in solchen Fällen zu einem großen Teil von der jeweiligen Kultur geformt sind und der Stilisierung, Ritualisierung und einer rationalisierenden Mythologie unterworfen werden.«[3] Die symbolischen Komponenten des Schamanismus variieren daher beträchtlich im Hinblick auf die Götter- und Geisterwelten, die Auffassungen von Gut und Böse und so weiter, doch die grundlegenden Methoden der Meisterung der Trance und die Techniken zur Erzeugung der Trance sind sich verhältnismäßig ähnlich, da in ihnen physiologische Prozesse von Geist und Körper ihren Niederschlag finden.

Siiger schildert einen typischen Fall der Herbeiführung einer Trance bei den Kalasch Kafir in Pakistan, einer nichtislamischen Gruppe. Der Schamane oder *dehar* ruft zunächst die geeigneten übernatürlichen Wesen an, tötet ein Opfertier und spritzt sein Blut auf den Altar und ins Feuer. Dann richtet sich die Aufmerksamkeit auf den *dehar* selbst:

> Er steht unbeweglich dem Altar zugewendet und läßt die Arme locker am Körper herabhängen. Er scheint zwar in entspannter Haltung auf etwas zu warten, ist aber doch voll gespannter Erwartung. Sein Blick ist fest auf den Altar gerichtet, und der starre Ausdruck seiner Augen zeigt, daß seine Seele von intensiver Wachsamkeit erfaßt ist, die alles andere ausschließt.

Wenn der *dehar* in Trance gerät, wird sein Körper steif. Es kommt zu

> einem leichten Zittern oder besser zu vibrierenden Bewegungen einiger kleinerer Muskeln ... nach und nach wird dieses Beben stärker, bis es zu einem richtigen Zittern wird, das den gesamten Körper erfaßt ... der Gesichtsausdruck verändert sich erheblich; seine Augen blicken wild, seine Backenmuskeln zucken plötzlich und oft genug sehr heftig, der Mund beginnt zu schäumen ... schließlich beginnt er zu schwanken und verliert das Bewußtsein ... Nach einiger Zeit erwacht der Schamanc aus seiner Trance wie jemand, der eben nach einem tiefen Schlaf zu sich kommt.[4]

Solches Verhalten hat einige Beobachter dazu gebracht, den Schamanismus mit der Epilepsie in Verbindung zu bringen, wobei der Schamanenberuf dem Kranken erlauben soll, sich ›aus seiner Not zu retten‹. George Devereux führt das noch weiter und behauptet: »Es gibt keinen Grund und keine Entschuldigung, den Schamanen nicht für einen schweren Neurotiker oder gar Psychotiker zu halten.«[5]

Die Vermutung, es handle sich um Epilepsie, scheint mit dem größten Teil schamanischer Situationen in Widerspruch zu stehen, in denen der Schamane für andere oder sich selbst tätig wird, um nach den Ursachen einer Erkrankung oder einer Verletzung durch Geister zu forschen, denen er in seinen Trancevisionen begegnet. Den Berichten ist im allgemeinen zu entnehmen, daß es dem Schamanen nicht bloß auf Selbstanalyse oder -heilung ankommt, sondern daß er gewöhnlich seine Kräfte für die ganze Gruppe oder einen einzelnen Patienten einsetzt. Devereux' Ansicht, es handle sich um eine Psychose, ist von anderen Kennern des Schamanismus abgelehnt worden, weil der Schamane im Unterschied zum Psychotiker lernen muß, seinen veränderten Bewußtseinszustand zu kontrollieren.

Eliade dagegen bemerkt: »Nicht dem Umstand, daß er epileptische Anfälle hat, verdankt zum Beispiel der Eskimo- oder der indonesische Schamane seine Kraft und sein Ansehen, sondern dem Umstand, daß er diese Anfälle immer wieder meistern kann.«[6]

Nadel sagt ähnliches aufgrund seiner Erforschung des sudanesischen Schamanismus: »... ich erinnere mich an keinen einzigen Schamanen, bei dem die Hysterie seines Berufes zu ernstlicher Geistesstörung entartet wäre.«[7]

Der Hauptfaktor der Tätigkeit des Schamanen liegt wie schon bemerkt in seiner Fähigkeit, die Kontrolle über seine Vision zu bewahren. Im Gegensatz zum Medium begegnet er willentlich den Geistern und Göttern seines mythischen Pantheons und lernt von ihnen. Seine Trance ist im wesentlichen ein Traum des Wissens, der wiederum die Aussichten für die Jagd, eine Heilung der Kranken oder die Wiederkehr einer geraubten Seele vergrößert. Die Trancetechnik ist so im Zusammenhang mit dem Schamanismus zweifellos auf eine Integration ausgerichtet und nicht selbstzerstörerisch.

Sitzungen nordamerikanischer Schamanen sind beispielsweise durch die Ekstase der Teilnehmer gekennzeichnet, eine Erfahrung, die so beschrieben wurde:

> Ein totales, suggestives Vertieftsein in das Objekt des Glaubens, ein Versunkensein, das sich in einem eigentümlichen, streng geordneten und eindringlich klaren Bewußtsein und wirklichkeitsbezogenen visionären Traumzustand äußert.
> In bestimmten Fällen haben die Visionen eine fast blendende Hellsichtigkeit oder Erleuchtung ... mit wirklichen Lichtempfindungen einer rein halluzinatorischen oder körperlich sinnlichen Art.[8]

Bei den Iglulik-Eskimos tritt während der schamanischen Initiation ein ähnliches Phänomen auf: »Der Meister zieht aus den Augen, dem Gehirn und den Eingeweiden des Schülers seine *Seele* heraus, damit die Geister das Beste an dem künftigen Schamanen erkennen können. Darauf folgt Erleuchtung *(angákog)*. Sie besteht in einem geheimnisvollen Licht, welches der Schamane plötzlich in seinem Körper, im Innern seines Kopfes, im Zentrum seines Hirns verspürt, ein unerklärlicher Leuchtturm, ein leuchtendes Feuer, das ihn in den Stand setzt, im Dunkeln zu sehen, und zwar im wörtlichen und im übertragenen Sinn, denn fortan ist es ihm möglich, sogar mit geschlossenen Augen durch die Finsternisse zu sehen und künftige Dinge und Ereignisse wahrzunehmen, die den anderen Menschen verborgen sind.«[9]

Bedeutsam ist auch, daß der Beginn einer Seelenreise bei den Iglulik durch sensorische Deprivation, Atemkontrolle, meditative Stille und mantrisches Singen gekennzeichnet ist. Diese Faktoren sind klassische Bestandteile des schamanischen Vorgehens:

… dann müssen alle anwesenden Männer und Frauen alles Festgebundene der Kleidung, die Verschnürungen ihres Schuhwerks, die Bünde ihrer Kniehosen lösen, sich hinsetzen und mit geschlossenen Augen still sein, wobei alle Lampen gelöscht werden oder nur noch mit so schwacher Flamme weiterbrennen, daß es im Haus praktisch dunkel ist.

Der Schamane bleibt eine Weile schweigsam sitzen, atmet tief und beginnt nach einiger Zeit, seine Hilfsgeister anzurufen, wobei er ständig wiederholt: »Der Weg ist mir bereitet, der Weg öffnet sich vor mir.«[10]

Nordland hat ebenfalls bemerkt, welche Rolle die sensorische Deprivation im Prozeß der Trance spielt und meint, daß die Experimente, die D. O. Webb an der McGill University über die psychologische Wirkung der sensorischen Deprivation durchgeführt hat, interessante Einblicke in den Schamanismus gewähren. In einer Reihe von Experimenten, bei denen die Studenten in einem Zustand der sensorischen Deprivation ans Elektroenzephalogramm angeschlossen waren, berichteten fünfundzwanzig von neunundzwanzig über Halluzinationen. Nordland fährt fort:

> Es scheint klar zu sein, daß die Monotonie vielen Formen des Schamanismus zugrunde liegt: monotones Singen, Trommeln, Tanz mit rhythmischen Bewegungen zu Musik. Dann kann es sich wieder um eine Einschränkung der Bewegung handeln, wenn in die Flammen, die Dunkelheit gestarrt wird oder Masken getragen werden, die eine besondere Wirkung auf die Augen haben. Wenn ein Schamane einmal solche Erfahrungen machte, wird er stets von der Wahrheit der Religion, an die er glaubt, und von der Rechtmäßigkeit der Kraft überzeugt sein, über die er verfügt.[11]

Wenn wir uns mit dem Schamanen befassen, geht es uns gar nicht darum, ob seine Ansichten über das, was stattfindet, richtig oder falsch sind. Entscheidender ist, wie sein Erfahrungsbereich beschaffen ist, was er wahrnimmt, wie er sich darauf einläßt, was er aus der Erfahrung zu lernen behauptet. Wir haben schon festgestellt, daß der Schamane in der Trance sozusagen in sein Glaubenssystem hineingeht. Besonders entscheidend ist der Umfang, in dem sein Glaubenssystem tiefe Einsichten, Veränderungen von Bewußtsein und Identität zuläßt, dazu ein neugewonnenes Gefühl, in der Welt zu stehen.

Wie wir gesehen haben, versetzt sich der Eskimo-Schamane mit Hilfe seiner Trommel und einer Anrufung der Hilfsgeister in Ekstase.[12] Er beabsichtigt, eine Reise zu den Gottheiten zu unternehmen, die über das

Schicksal der Tiere herrschen. Die Iglulik-Eskimos glauben zum Beispiel, daß die Göttin des Meeres Sedna über alle Meeressäuger herrscht, die Nahrung, Brennstoff und Felle für die Kleidung liefern, daß sie aber auch für die schlimmsten Katastrophen verantwortlich ist, die den Eskimo treffen können (Stürme, Krankheiten und so weiter).

Der Iglulik-Schamane begibt sich nun mit der bestimmten Absicht in seine Trance, einer Göttin zu begegnen, deren Wirken einen tiefen und direkten Einfluß auf sein Volk hat. Sein Umgang mit ihr wird hoffentlich die Ordnung wiederherstellen, die durch das Übertreten von Tabus gestört wurde.

Während seiner visionären Reise trifft der Schamane auf Hindernisse. Drei große Steine rollen auf dem Meeresboden umher, und er muß geschickt zwischen ihnen hindurchschlüpfen. Danach erreicht er das Haus der Meeresgöttin, das aus Stein ist. Er muß an ihrem Hund vorbei, der am Eingang die Zähne fletscht, und sobald er im Innern ist, muß er erklären, daß er aus Fleisch und Blut ist – zur Erinnerung, daß er sich aus dem Land der Lebenden hergewagt hat. Wenn die Göttin verkündet, daß die Eskimofrauen heimlich Mißgeburten hatten oder daß gekochtes Fleisch gegessen wurde – beides Übertretungen von Tabus –, muß sie der Schamane in ihrem Zorn besänftigen, indem er ihr die Haare kämmt. Darauf entläßt sie Tiere ins Meer, ein Hinweis, daß es erfolgreiche Jagden und allgemeinen Überfluß geben wird.[13]

Der Trance-Schamane kehrt zu seinen Leuten zurück und macht Geräusche, als kehre er durch eine Röhre auf die Erde zurück. Die anderen erwarten ihn.

Sie können hören, daß er von weither kommt. Das Rauschen, mit dem er die Röhre durchläuft, die die Geister für ihn offenhalten, kommt näher und näher, und er schießt mit einem gewaltigen ›Plu-a-he-he‹ an seinen Platz hinter dem Vorhang zurück: ›Plu-plu‹ wie ein Tier im Meer, das aus der Tiefe heraufschießt, von mächtigen Lungen gezwungen wird, Atem zu holen. [14]

Seine siegreiche Reise verleiht einigen wichtigen Themen des Schamanismus konkrete Form: sein Wagnis der Trance, das ihn mit einer Gottheit zusammenbringt, die ein Prinzip des Kausalzusammenhangs darstellt (in diesem Fall ob es mehr Tiere zu jagen geben wird), Hindernisse und Gefahren, die sein Vorgehen erschweren, und der Durchbruch durch Ebenen, der es dem Schamanen ermöglicht, die Raum-Zeit-Dimension seiner Mitmenschen zu überschreiten.

Magische Verbündete

Wenn der Schamane den Zustand der Trance durch sensorische Deprivation, Fasten, Atemtechniken und ähnliches herbeigeführt hat, begibt er sich, wie wir sahen, auf seine Reise zu den Göttern – eine Reise, bei der es eigentlich um das Aufspüren von Fakten geht, um die Ursachen von Krankheit, Verletzung, Dürre, Hungersnot und so weiter. Sie ist im wesentlichen ein *Traum des Wissens.*

Bezeichnenderweise treten auf der magischen Reise oft Führer und Hilfsgeister in menschlicher oder tierischer Gestalt in Erscheinung. In der Beschreibung der Schamanen-Reise des japanischen Priesters Doken

Shonin, die im *Fuso Ryakki* enthalten ist, finden sich Hinweise auf Hilfsgeister: Nach einigen Jahren asketischer Zurückgezogenheit auf dem Kimpuberg und nach sechsunddreißig Tagen des Fastens bemerkte Doken Shonin plötzlich, wie sich eine sengende innere Hitze in seinem Körper ausbreitete. Der Atem setzte aus; sein Geist verließ seinen Körper und die Höhle. Danach erschien eine priesterliche Gestalt, nahm ihn bei der Hand und führte ihn den Berg hinauf. Vom Gipfel aus konnte Doken die ganze Welt vor sich in goldenem Licht liegen sehen.

Im Norden war ein goldener Berg, und auf seiner Höhe stand ein Thron aus sieben Edelsteinen. Sein Führer setzte sich auf den Thron und sprach: »Ich bin Zao Bosatsu, eine andere Form des Buddha.« Der Priester warnte Doken, er habe nicht mehr lang zu leben, und Doken bat um magische Formeln, die sein Leben verlängern würden.[15]

Dokens Hilfsgeist nahm zwar im Aufbau des Kosmos einen sehr hohen Rang ein, war eine Form des Buddha, doch sind die Hilfsgeister nicht immer so hochstehend.

Asen Balikci erwähnt Iksivalitaq, einen Schamanen der Netsilik-Eskimos, der um 1940 starb und als wichtigster Schamane seiner Zeit angesehen wurde. Es hieß von ihm, er habe sieben Hilfsgeister oder *tunraqs,* die ihm auf seinen Seelenreisen beistanden. Dazu gehörten ein Fisch, der Drachenkopf, ein großer Schwertwal, ein schwarzer Hund ohne Ohren und die Geister von drei Verstorbenen.

Eliade unterscheidet zwischen *Familiaren* (Vertrauten oder Schutzgeistern) und *Helfern,* obwohl beide nach ihrem Erscheinen recht ähnliche Rollen spielen:

Ein Schamane ist ein Mensch, der konkrete, unmittelbare Beziehungen zu der Welt der Götter und Geister hat; er sieht sie von Angesicht zu Angesicht, er spricht mit ihnen, bittet sie, fleht sie an – aber er *kontrolliert* nur eine beschränkte Anzahl von ihnen. Nicht ein jeder Gott oder Geist, der in der schamanischen Sitzung angerufen wird, ist deswegen schon ein *Vertrauter* oder *Helfer* des Schamanen ... Doch dieses ganze Pantheon steht dem Schamanen nicht zur Verfügung wie seine Hausgeister, und die göttlichen oder halbgöttlichen Wesen, die ihm helfen, dürfen nicht unter diese Haus-, Hilfs- und Schutzgeister eingereiht werden.[16]

Die Schamanen der Sym-Evenki im Jenissej-Becken verfügen über sieben Hilfsgeister, die in Flüssen leben, die der Schamane überschreitet. Diese Geister sind Fische, Vögel oder Tiere, welche die menschliche Sprache verstehen und sie auch sprechen. Interessant ist, daß die Sym-Evenki die Vorstellung von einem Weltenbaum durch ein System von Flüssen und Stromschnellen ersetzt haben, auf denen der Schamane reist.[17] Der Schamane am Wasjugan hat auf seiner Reise in die Unterwelt die gleiche Anzahl Hilfsgeister, nur ist in seinem Fall ein Bär der wichtigste seiner Verbündeten. Bei den Nanay wiederum wird der Schamane von einem Hermelin und einer Maus begleitet. Hier eine Beschreibung der magischen Reise eines Schamanen in die Unterwelt:

Als der Trance-Wanderer am Ufer des unterirdischen Meeres entlanglief, begegnete er einer nackten Frau, die Herrin des Wassers genannt wird. Sie nahm den Schamanen wie ein Kind und säugte ihn an ihrer Brust. Dann nahm sie drei Fische aus dem Meer und verkündete, daß Fisch die Welt ernähren würde. Der Schamane setzte dann seine Wanderung fort, und nun erschienen Hermelin und Maus als seine Führer. Ihm wurde eine Gemeinschaft von Geistern gezeigt, die für die Krankheit auf der Welt verantwortlich war. Später erreichte er einen See mit einer Insel in der Mitte. Ihm wurde gesagt, er solle sich aus den Ästen des Baumes eine Schamanentrommel fertigen.

Der Schamane flog zusammen mit den jungen Vögeln des Sees hinauf zum Baumwipfel. Der Baumgeist zeigte sich in menschlicher Gestalt, trat aus den Wurzeln hervor und sprach: »Ich bin der Baum, der allen Menschen die Fähigkeit gibt zu leben.« Der Geist gab ihm einen Ast mit drei Zweigen, um drei Trommeln zu bauen: eine, um den gebärenden Frauen als Schamane beizustehen, die zweite für die Kranken und die dritte für die Sterbenden ...

Der Schamane kehrte in die mittlere Welt, zu den Menschen zurück, und war schon ein Wesen mit übernatürlichen Eigenschaften, konnte selbst die Unterhaltung der Gräser auf einem kleinen Hügel hören und verstehen. Der Baum, aus dem die Trommel gefertigt war, galt als der Schamanenbaum der Mitte der Welt des Universums.[18]

Wenn der Schamane eine ekstatische Reise zum *Zentrum*, zur Weltachse[19] unternimmt, handelt er nicht nur für seine Mitmenschen, indem er sich das Mittel verschafft, das Gebärenden, Kranken und Sterbenden hilft, sondern er gewinnt auch die übernatürlichen Kräfte, die ihn in seinen eigenen Erkenntnissen unterstützen. Er gewinnt dabei *übernatürliche* Kräfte: In gewisser Weise ist er ein Gott unter den Menschen, und er ist über den heiligen Zweig greifbar mit dem Baum des Lebens verbunden, der das ganze Universum trägt.

Zerstückelung und Wiedergeburt

Mit dem Gedanken der neuentdeckten Kraft des Schamanen ist das Thema einer Initiation durch Zerstückelung und Wiedergeburt verbunden, das sich in einigen Formen des Schamanismus findet.

Ein typischer Fall von Zerstückelung wird von einem avam-samojedischen Schamanen erzählt: »Ein Kandidat, der ein Schamane werden wollte, hörte, daß er seine *Gabe* vom Herrn des Wassers erhalten würde. Der Kandidat war damals an Pocken erkrankt, und die Krankheit wühlte das Wasser des Sees auf. Er stieg aus dem Wasser und kletterte einen Berg hinan. Dort traf er (wie oben bei den Nanay) auf eine nackte Frau und begann ihre Brust zu saugen. Sie sagte, er sei ihr Kind und stellte ihn ihrem Gatten, dem Herrn der Unterwelt vor, der ihm zwei Tiere als Führer gab, die ihn in die Unterwelt geleiteten. Dort begegnete er den Bewohnern der Unterwelt, den bösen Schamanen und den Männern der Großen Krankheit, die ihn in den verschiedenen Krankheiten unterwiesen, welche die Menschen quälen. Man riß ihm das Herz heraus und warf es in einen Kochtopf. Der Kandidat kam dann in das Land der Schamaninnen, welche ihm Kehle und Stimme kräftigten, dann zu einer Insel, wo der Baum des Herrn der Erde in den Himmel ragte. Der Herr verlieh ihm gewisse Kräfte, darunter die Fähigkeit, die Kranken zu heilen. Er zog weiter, traf auf magische

Steine, die sprechen konnten, auf Frauen mit Haaren wie Rentiere und einen nackten Schmied, der im Innern der Erde mit einem Blasebalg ein riesiges Feuer entfacht. Wieder wird der Novize rituell geopfert und über dem Feuer in einem Kessel drei Jahre lang gekocht. Der Nackte schmiedete dann den Kopf des Kandidaten auf einem von drei Ambossen (auf dem die besten Schamanen geschmiedet wurden) und zeigte ihm, wie man die Buchstaben im Kopf lesen kann, wie man mit den mystischen und nicht mit den fleischlichen Augen sehen kann, wie die Sprache der Pflanzen verstanden werden kann.

Als die Geheimnisse gemeistert waren und der Körper nach der Opferung wieder zusammengesetzt, erwachte der Schamane *auferstanden* als wiederbelebtes Wesen.«[20]

In diesem Bericht der Avam-Samojeden finden sich erneut Hinweise, daß der Schamane sowohl für die Gesellschaft wie für sich selbst etwas tun muß. Seine Erfahrungen in der Trance offenbaren ihm die Ursachen der Krankheiten, die alle befallen, und aufgrund einer spirituellen Wiedergeburt gewinnt er eindrucksvolle übernatürliche Kräfte. Der Schamane ist wirklich überlegen, weil ihn der Gott auf dem Amboß neu geformt hat. Die Gaben des Schamanen, magisches Sehen und magische Verständigung entstammen dem Himmel und nicht der Erde. Gelegentlich beweist der Schamane seine fortdauernde Beziehung zum himmlischen Bereich sogar dadurch, daß er Geisterfrauen aus jenen himmlischen Regionen zur Gattin nimmt, und die Buriäten glauben, daß die Kinder solcher Vereinigungen halbgöttlicher Natur sind.[21]

Das Thema der Zerstückelung und Wiedergeburt findet sich nicht nur im sibirischen Schamanismus, sondern ist auch zum Beispiel den australischen Ureinwohnern vertraut. Im westlichen Südaustralien wird der künftige Schamane in ein Wasserloch gesteckt, wo ihn eine mythische Schlange verschlingt und ihn dann in Gestalt eines Babys wieder ausspeit – vielleicht ein Zeichen, daß der Schamane in der Geisterwelt noch *neu* ist. Der oberste Medizinmann rettet ihn darauf, behandelt ihn aber wie eine Leiche, bricht ihm rituell das Genick, Handgelenke und die anderen Gelenke. In jede Wunde, jeden Schnitt gibt er *moban*, eine lebenspendende Muschelschale, die eine Verjügung bewirkt und einen Menschen mit Kraft füllt. So wird der eben noch *tote* Ureinwohner in die Welt des magischen Wissens wiedergeboren.

Dr. Petri, der mit den Ureinwohnern der Munja Cattle Station in Walcott Inlet arbeitete, entdeckte dort ähnliche Formen der Initiation. Dem künftigen Medizinmann wurde in Träumen offenbart, der hohe Gott Unggud wünsche, daß er ein *banman* oder Schamane werde. Unggud *tötete* ihn dann in der Nähe eines Wasserlochs, doch sein Kern würde auffahren – sichtbar nur den Medizinmännern. Gleichzeitig erblickte der Ureinwohner eine riesige Schlange mit Armen und Händen und einer Federkrone. Unggud führte ihn darauf in eine unterirdische Höhle, wo er begann, ihn in einen Mann des Wissens umzuformen:

Unggud gibt ihm ein neues Gehirn, setzt weiße Quarzkristalle in den Körper, die geheime Kraft verleihen, und enthüllt ihm seine zukünftigen Aufgaben. Er kann einige Zeit bewußtlos sein, doch wenn er aufwacht, hat er das wunderbare Gefühl des inneren Lichtes. Er ist sich sicher, daß er Unggud gleicht. Es folgen Anleitungen und Unterweisungen, dazu Erlebnisse, die Monate, sogar Jahre dauern können.[23]

Der Schamane verfügt nun über besondere magische Kräfte. Mit seinem inneren Auge kann er vergangene und zukünftige Ereignisse sehen und kann auch seinen *ya-yari* oder Traumfamiliar aus seinem Körper ausschicken, der sich dann informieren kann.

Der verstorbene Professor A. P. Elkin, ein Spezialist für den Supranaturalismus bei den Ureinwohnern, schreibt:

Das Übersinnliche herrscht in diesen begabten Menschen deutlich vor. Es wird *miriru* genannt und stammt von Unggud.

Es ist im wesentlichen die Fähigkeit des Medizinmannes, sich in einen Traumzustand oder eine Trance mit allen ihren Möglichkeiten zu versetzen. *Miriru* macht ihn wirklich einem Wandjina gleich, weil er über das Können verfügt, das die Helden der *Schöpfungszeiten* auszeichnete.[24]

Man könnte versucht sein, das Thema von Tod und Wiedergeburt im Schamanismus als typisch für bestimmte Kulturen anzusehen, als Charakteristikum der Urformen der Schöpfungsmythen. Doch sahen sich westliche Forscher, deren Auffassung der Wirklichkeit von Ansichten geprägt ist, die mit Schamanismus nichts zu tun haben, gelegentlich in entsprechende Vorgänge verwickelt. Die besten Beispiele einer westlich intellektuellen Auseinandersetzung mit mystisch-schamanischen Kräften finden sich zwar in den umstrittenen Berichten, die Carlos Castaneda über die Erfahrungen schrieb, die er bei der Einweihung durch den Yaqui-Zauberer Don Juan machte, doch gibt es in der Literatur auch andere Beispiele ähnlicher Vorfälle. Der amerikanische Psychologe Stephen Larsen veröffentlichte 1976 Einzelheiten einer inneren, mythischen Reise, die ein einundzwanzigjähriger Dichter aus Brooklyn namens Joel mit einem alten Schamanen der Dogrib-Indianer in der Nähe des Großen Sklavensees in Kanada unternahm.

Joel sah, daß der Indianer, der Adamie hieß, Fliegenpilze (Amanita muscaria) als Sakrament verwendete und erfahren im Einsetzen der Trance war, die für Schamanenreisen nötig ist. Ähnlich wie Castaneda durchlief Joel eine strenge Lehrlingszeit, in der er auch von seinem Meister geschlagen und gepeitscht wurde, damit sich sein Charakter und seine Entschlußkraft stärkte. Während der zweiten psychedelischen Erfahrung mit Adamie begegnete Joel Tiergeistern, die ihn wie den oben erwähnten eingeborenen Schamanen zerrissen. Die Einweihung gipfelte ganz ähnlich in einem neu entstehenden Gefühl der Stärke, der Erleuchtung:

In der Trance hatte ich eine Vision, sah ich einen Bären. Und der Bär winkte mir, ich solle ihm folgen. Das war der Geist, die Kraft, der ich folgen, mit der ich meine Reise machen sollte. Als ich dem Bären folgte, verwandelte er sich in eine Frau. Und dann tauchte eine ganze Reihe sexueller Bilder auf, Hintern, Oberschenkel, Brüste, ein ganzer Wirbel von Geschlecht, von Fleisch.
Ich kreiste und wirbelte, hatte das Gefühl, in die Mitte der Erde zu stürzen. Und während ich hinunterfiel, war ich überall von Geschöpfen umge-

ben. Sie rissen und zerrten an mir, nahmen Stücke aus mir, während es mit mir in die Tiefe ging.

Als Joel diesen traumatischen Zerstörungsprozeß durchlaufen hatte, erlebte er eine innere Genesung, wurde er wieder zusammengefügt.

> Ich erlebte eine erhabene Ekstase; die Energie fuhr in Stoßwellen durch mich. Ich meinte, durch die Dinge Herzen, Knochen, Seelen sehen zu können. Ein Klang war da, und er stieg in mir auf. Ich sang ein Lied, das Lied meiner Erfahrung, und ich spürte, wie mir das Lied neue Stärke und Kraft verlieh.[25]

Joels Bericht widerspricht der Ansicht, ein Schamane könne die Wiedergeburt nur im Rahmen der vertrauten Urbilder seiner eigenen Kultur erleben – eine Frage, die in einem Kapitel über die westliche Magie der Trance weiter behandelt wird. Allgemein gesprochen führt der mystische Prozeß einer Umformung offenbar zu neuen visionären Einsichten, Kräften und Fähigkeiten, die sich normalerweise im vertrauten kulturellen Kontext äußern. Der Schamane wird zum Vermittler zwischen äußerer und innerer Welt und erlangt von den Göttern oder Geisterwesen ein privilegiertes und heiliges Wissen.

Eliphas Lévi: Die Symbole des Magischen Schwertes, des Stabes, der Münze und des Kelches.

3

Magische Symbole und Zeremoniell

Die modernen Okkultisten, die sich dem kabbalistischen System des Hermetic Order of the Golden Dawn anschließen, begeben sich in ein magisches Universum, das in mancherlei Hinsicht der Welt des klassischen Schamanen gleicht.

Der eingeborene Schamane Australiens trifft auf Baiame, der auf einem Thron sitzt und den Himmel stützt, während der westliche Magier in vollem Maß die kosmologischen Stufen des Baumes des Lebens durchläuft, wobei seine visionären Erfahrungen die symbolische Eigenart der Wesen spiegelt, die er in den einzelnen Stadien anruft. Wir müssen jedoch unterscheiden zwischen den zeremoniellen Praktiken, bei denen die Götter rituell angerufen werden, und den kontrollierten außerkörperlichen Erfahrungen auf den Pfaden, welche die sogenannten Sephiroth oder Sphären des Baumes verbinden. Diese inneren Reisen werden von den Okkultisten ›Wegbahnungen‹ genannt.

Mit der ersten Technik vertieft sich der Magier in ein kosmisches Drama und erlebt ein Einströmen der Energie in sein Bewußtsein. Er wird im Ritual zum Gott, weil er sich mit dessen Form identifiziert, wobei der Gott Osiris, Ra, Zeus oder Hermes sein kann. In seine Vorstellung fließen Bilder ein, die er mit der Gottheit verknüpft, und er wird durch den Akt der Identifizierung von ihr besessen, allerdings in den

Grenzen, welche die rituelle Anrufung und die mit ihr verbundene Kontrolle schafft.

Mit der zweiten Technik erschafft der Magier den symbolischen Schauplatz in der eigenen Vorstellung. Auf den Boden seines Tempels sind keine Sigillen gemalt; es gibt keine feierlichen, weiten Gewänder, kein zeremonielles Gerät und keine greifbaren magischen Waffen. Sie spielen zwar noch eine wichtige Rolle, werden aber in der Vorstellung geschaffen. Der Magier versucht, in einen mythischen Bezug einzutreten, der den Voraussetzungen des Baumes des Lebens oder eines vergleichbaren magischen Systems entspricht. Er gestaltet zum Beispiel geistige Bilder, die dem symbolischen Bereich von Malkuth, der Welt, entsprechen, und bemüht sich dann durch einen Willensakt, sein Bewußtsein dorthin zu versetzen, was in einen Zustand der Dissoziation führt. Sein Körper fällt in tiefe Trance und darf nicht gestört werden. Durch einen Willensakt setzt der Magier seine magische Reise inmitten der *Gottesformen* des Baumes fort, die auch für seine Urimagination stehen, und kehrt mit einer Beschreibung seiner visionären Erfahrung zurück. Die Reise wird darauf von den anderen Magiern auf ihre mythologische *Reinheit* hin untersucht. Das System der *mythologischen Entsprechung* – praktisch eine Landkarte der Götter des Unbewußten[1] – hat von alters her für die Gewißheit gesorgt, daß der Magier in seiner Trance wirklich auf einer stichhaltigen visionären Reise war und bestimmte Bereiche des Baumes aufgesucht hat. Da es sich bei dieser magischen Technik im wesentlichen um eine außerkörperliche handelt, die wie beim traditionellen Schamanen zur Ekstase führt, spielt der Faktor der Meisterung eine große Rolle. Wenn sich der Magier auf seinen Wanderungen durch die inneren Ebenen des Baumes des Lebens in seinem dissoziierten Geisteszustand von einem einzigen Bild oder symbolischen Wesen, das ihm begegnen mag, überwältigen läßt, gerät er in Gefahr, von diesem Bild *besessen* zu werden.

Ganz gleich, welche magische Technik in der Geschichte angewendet wurde, im Golden Dawn zielten die magischen Handlungen gewöhnlich auf die Sephiroth am unteren Ende des Baumes des Lebens ab, da die höheren unzugänglicher und transzendentaler sind. Der Novize wurde im System der zeremoniellen Stufen nach und nach in die symbolischen Erfahrungen eingeweiht, die mit Malkuth, Jesod, Hod und Netzach verbunden sind, und war dann bereit für das Ritual der spirituellen Wiedergeburt, das ihn zu Tiphareth, auf die Ebene des Bewußtseins führen würde, das mit der mystischen Erneuerung verknüpft ist. Die meisten magischen Gruppen gehen heute ähnlich vor, und die Übereinstimmungen mit dem Schamanismus bestehen weiter. Der Magier von heute weiß wie der Schamane, wie wichtig die rituelle Tracht ist, die ihn mit der Wirklichkeit der mythischen Strukturen übereinstimmen läßt, die er in seinem Bewußtsein aufruft. Wir werden im folgenden sehen, daß solche Aufmachungen eher bei zeremoniellen Praktiken verwendet werden, weniger bei *Wegbahnungen,* die der Seelenreise des Schamanen entsprechen.

Meditationstechniken und das rituelle Singen heiliger, den Mantras ähnelnder Gottesnamen bewirken im wesentlichen dasselbe wie die Methoden der sensorischen Deprivation bei den Schamanen, nämlich die Ausrichtung der Konzentration auf ein magisches und kosmologisches Ziel. Der Magier in seinem zeremoniellen Kreis tritt in einen heiligen Raum ein und nimmt die Gottesbilder sinnlich wahr, die er anruft. Das Singen der Gottesnamen und die Konzentration auf die Bilder und Symbole der Götter wirken stark auf die schöpferische Vorstellungskraft und stimulieren die Archetypen des Unbewußten.

Wie schon gesagt sind beim Vorgehen der zeitgenössischen Magie zwei Dinge zu unterscheiden. Einmal werden magische Kräfte durch Anrufung beschworen – die darauf vom Bewußtsein des Magiers Besitz ergreifen – oder der Magier setzt eine Technik der außerkörperlichen Erfahrung ein und ›steigt in den Ebenen auf‹, um ihnen zu begegnen. Beide Vorgehensweisen lassen sich mit dem traditionellen Schamanismus vergleichen.

Westliche Magie im Golden Dawn

Die Geschichte des Hermetic Order of the Golden Dawn ist von Historikern wie Ellic Howe, Francis King und Ithell Colquhuon ausführlich dokumentiert worden und muß hier nicht mehr dargestellt werden. Wesentlich ist, daß der Ritualmagier sich an die zeremoniellen Praktiken hält, die auf den symbolischen Stufen des Baumes des Lebens beruhen, und so den inneren, mystischen Kosmos Schritt für Schritt wiedererlangt. Er arbeitet sich von den unteren Manifestationen des kabbalistischen Universums zu den erhabensten vor, von Malkuth, der Welt, zu den transpersonalen, visionären Stadien oben im Baum. Der Magier setzt dabei vor allem das Ritual ein, um die symbolischen Inhalte der Psyche zu integrieren.

Wie der traditionelle Schamane mit seinen Wegen in die Unterwelt oder zum Loch im Himmelsgewölbe, versucht der Okkultist den Weg bis in die Quelle des eigenen Wesens zurückzuverfolgen. Der Magier, welcher der Überlieferung des Golden Dawn folgt, muß sich daher vorstellen, der Reihe nach das Wesen jeder Gottheit anzunehmen und ihre Essenz in sein Wesen aufzunehmen. Seine Rituale sollen helfen, alles zu meistern, was ihm auf seiner Reise durch das Unbewußte und die Vorstellung begegnet. Dazu gehören alle Symbole und Farben der Götter, das Aussprechen der magischen Machtworte und das Räucherwerk oder Parfüm, das den betreffenden Gottheiten entspricht.

Eigentlich stellt sich der Magier vor, daß er die Gottheit wird, deren Formen er im Ritual nachahmt. Der Prozeß, daß die Götter über den Menschen herrschen, wird umgekehrt, und der Magier herrscht nun über die Götter. Wie der Schamane ist er der Meister seiner Visionen. Jetzt ist es der Magier, nicht die Götter des Schöpfungsdramas, der die heiligen Namen ausspricht, die das Universum erhalten. Der Okkultist ruft in Malkuth symbolische Erfahrungen herauf, die wie die Höhle des Schamanen für einen Abstieg in die Unterwelt des Unbewußten stehen, und dann bewegt er sich durch Ebenen weiter, die ihn durch die lunaren Erfahrungen von Jesod führen, schließlich hin zur mystischen Wiedergeburt in der solaren Vision von Tiphareth in der Mitte des Baumes.

Einige Magier nehmen den direkten Weg auf dem Baum und reisen auf der sogenannten Säule der Mitte von Malkuth zu Jesod und weiter zu Tiphareth. Sie verfolgen nicht den Zickzackweg zurück, der die Sepiroth wie im kabbalistischen Schöpfungsvorgang verbindet, den das Sohar beschreibt, sondern konzentrieren sich auf den mittleren Weg, der in harmonischem Gleichgewicht weder positiv noch negativ ist. Andere

Okkultisten entscheiden sich vielleicht für einen weitschweifigen Weg auf dem Baum, der die ganze zehnfache Aufteilung von Malkuth zu Kether zurückverfolgt. Heutige Magier sind der Ansicht, daß dieser Weg größeres Wissen bringt, aber auch mehr Gefahren birgt, weil sich der Okkultist darauf einläßt, auf jeweils einer Seite des Baumes psychisch aus dem Gleichgewicht zu geraten.

Magie und die Sinne

Die Magier haben Hilfen zur Hebung des Bewußtseins entwickelt. Dazu gehören symbolische Gesten und Formeln, die zusammen mit bestimmtem Gerät dem magischen Ritual Gestalt geben. Das Ritual selbst umfaßt ›eine bewußte Belebung des Willens und eine Verlebendigung der Vorstellungskraft, die auf die Reinigung der Persönlichkeit und das Erlangen eines spirituellen Bewußtseinszustandes abzielen.‹[2]

Da das Bewußtsein des Magiers gänzlich umgewandelt werden soll, muß das Ritual alle fünf Sinne fein abgestuft steigern.

Das geschieht in etwa auf folgende Weise:

GESICHT	Rituelle Kleidung, Handlungen und Gerätschaften sind die sichtbare Darstellung einer bestimmten Absicht, eines Zieles. In diesem Schauspiel sind sorgsam ausgewählte Farben und Symbole von höchster Wichtigkeit.
GEHÖR	Hier geht es um die Schwingung der Gottesnamen, Gesänge oder Mantras (die bevorzugt der Kabbala entnom-

men sind), deren hörbare Rhythmen stark auf das Bewußtsein einwirken.

GESCHMACK Hier kann es sich um ein Sakrament handeln, das sich symbolisch auf die Eigenart der Gottheit des Rituals bezieht.

GERUCH Räucherwerk und Parfüms werden verwendet, um die Verbindung mit einer bestimmten Gottheit, einem Wesen der magischen Kosmologie herzustellen.

TASTSINN Er wird auf einer Ebene außerhalb des physischen Organismus entwickelt, da sich die Annahme der Gottesformen im Zustand der Trance ereignet. Der *Seelenleib* des Magiers führt Handlungen aus, die denen auf der physischen Ebene gleichen, wenn auch der Wahrnehmungsbereich von ganz anderer Art ist und mit dem fühlbaren Universum verglichen werden kann, das sich der außerkörperlichen Erfahrung zeigt.

Die Macht des Wortes

In den überlieferten westlichen Geheimlehren wurde stets betont, wie wichtig der Klang und die Macht des Wortes ist.

Nach dem Sohar nahm die Welt Gestalt an, weil der heilige Name Gottes ausgesprochen wurde, zweiundvierzig Buchstaben als Erweiterung des Tetragrammaton Jahveh, oder genauer JHVH (Jod, He, Vau, He).

Das Wort oder der Logos durchdringt den ganzen mystischen Schöpfungsakt. Der Ritualmagier sieht das ähnlich. Franz Bardon, der deutschsprachige Esoteriker aus der Tschechoslowakei, schreibt: »... göttliche Namen sind symbolische Bezeichnungen von göttlichen Eigenschaften und Kräften ...«[3], und Eliphas Lévi bemerkt in seinem *Schlüssel zu den Großen Mysterien,* daß »alle Magie in einem Wort liegt, und daß das Wort, wenn es kabbalistisch ausgesprochen wird, stärker als alle Mächte des Himmels, der Erde und der Hölle ist«.[4]

Viele antike Überlieferungen sehen den Namen als die eigentliche Essenz des Seins an. Im heiligen Buch der äthiopischen Gnostiker, im *Lefefa Sedek* heißt es, Gott habe sich selbst und das Universum durch das Aussprechen seines eigenen Namens geschaffen, und »der Name Gottes war die Essenz Gottes ... war nicht nur die Quelle seiner Macht, sondern sogar der Sitz seines Lebens und im Grunde seine Seele«.[5] In den apokryphen Schriften wird Jesus von der Jungfrau Maria flehentlich gebeten, seine geheimen Namen zu nennen, da sie eine Quelle der Macht sind und die Verstorbenen vor allen möglichen schädlichen Teufeln schützen können.

Ähnlich spricht im *Ägyptischen Totenbuch* der Neuankömmling in der Halle der Maat zu Osiris: »Ich kenne dich. Ich kenne deinen Namen. Ich kenne die Namen der zweiundvierzig Götter, die bei dir sind.«[6] Denn wer den geheimen Namen kennt, trifft den Kern einer Sache, beherrscht sie und hat sogar Macht über die Essenz der Gottheit. Wallis Budge schreibt, daß im alten Ägypten die Kenntnis des Namens eines Gottes den Menschen in die Lage versetzte, sich nicht bloß aus dessen Gewalt zu befreien, sondern auch zu erlangen, was er sich wünschte, ohne auf den Willen des Gottes Rücksicht nehmen zu müssen.

Die Gnostiker, die viel Ägyptisches übernommen und das okkulte Denken stark beeinflußt haben, hielten die Kenntnis der Namen der Zwischengötter und -teufel für wesentlich, wenn die Seele zu ihrem göttlichen Ursprung im großen Äon zurückkehren wollte. Ein Kennzeichen jener esoterischen Abhandlungen wie *Tibetisches, Ägyptisches* und *Äthiopisches Totenbuch* und auch des gnostischen *Pistis Sophia* ist, daß sich der Inhalt sehr auf die Zustände nach dem Tod bezieht. Die Vorstellungen über Lichtkörper, Einweihung und Wiedergeburt verweisen allerdings auf einen außerkörperlichen Bewußtseinszustand, von dem die Okkultisten allgemein annehmen, er sei der Erfahrung nach dem Tod gleichzusetzen. Außerdem ist der Name an sich gewiß eine der Eigenschaften, die den Gottheiten innewohnen. Ein Auszug aus dem *Pistis Sophia*, der die Namen der Herrscher der Zwölf Kerker der äußeren Finsternis anführt, gibt uns einen Anhaltspunkt. Archaroch und Achrocar sind rhythmische Umkehrungen (der kabbalistischen Technik der Temurah zu vergleichen)[8], wobei Charachar und Archeoch ganz ähnlich sind, und genauso verhält es sich mit den kosmischen Wesen Luchar und Laroch. Auf der visionären Ebene sind die rhythmischen Schwingungsmuster der magischen Mantras sicherlich mit der Eigenart dieser Teufel verwandt, denn es genügt ein Aussprechen dieser symbolischen Namen, um sie zu vertreiben.

Wir kehren zum Ritual zurück und können sagen, daß zu ihm immer das gesprochene Wort, die Anrufung von Wesen oder Mächten gehört. Andererseits hat es viel mit dem Willen zu tun, wodurch sich die

Magie auch von den passiven Formen der Mystik unterscheidet.

In rituellen Gruppen war es üblich, daß die Mitglieder sich magische Namen zulegten. Einer der Ordensnamen Aleister Crowleys war *Perdurabo* (ich werde bis zum Ende ausharren), und MacGregor Mathers trug den gälischen Namen *S. Rhiogail Mo Dhream* (königlich ist mein Stamm). Wie Crowley sagte: »Worte sollten Willen ausdrücken, daher ist der mystische Name des Novizen der Ausdruck seines höchsten Willens.«[9] Das heißt, in ihm verkörpert sich der Wille des Magiers, mit dem höchsten Selbst, dem heiligen Schutzengel Verbindung aufzunehmen, mit einer Ebene des mystischen Bewußtseins, das mit den transzendentalen Ebenen des Baumes des Lebens verknüpft ist. Dion Fortune, die den Okkultismus nach dem Ende des Golden Dawn stark beeinflußte, fand die Projektion ihres Lichtkörpers viel einfacher, als sie ihren magischen Namen erhalten hatte. Sie schreibt:

So wie ich den Vorgang erfahren habe, führte ein Aussprechen meines magischen Namens zur Vorstellung meiner selbst in idealisierter Gestalt, die zwar immer noch denselben Typ darstellte, doch großartiger, eigentlich übermenschlich, aber noch als ich selbst erkennbar, wie eine überlebensgroße Statue immer noch sehr ähnlich sein kann. Als ich diese idealisierte Darstellung meines Körpers, meiner Persönlichkeit einmal wahrgenommen hatte, konnte ich sie mir willentlich wieder vor Augen führen. Mit ihr identifizieren konnte ich mich allerdings nur, *wenn ich meinen magischen Namen aussprach.* Sobald ich sie als mein eigen annahm, geschah sogleich die Identifizierung.[10]

So überschreitet die höhere Vision des Selbst den eher begrenzten Bereich des Ich, und der Prozeß der spirituellen Umwandlung beginnt. »Schließlich«, schreibt Crowley, »identifiziert sich der magische Wille so mit dem gesamten Wesen des Individuums, daß er unbewußt wird.«[11] Das heißt, die Vereinigung ist kein Ziel mehr, sondern Wirklichkeit.

Die Symbole der Magie

Wir wenden uns nun den eigentlichen Symbolen der rituellen Magie zu, mit deren Hilfe die Selbstumwandlung erreicht wird. Das erste ist der Ort, an dem das Werk geschieht, der Tempel.

Der Tempel ist der Raum für alle magischen Handlungen. Er verkörpert das ganze Universum und folglich auch den Magier selbst, weil Makrokosmos und Mikrokosmos sich entsprechen. Auf dem Boden befinden sich bestimmte Zeichen, von denen der Kreis das wichtigste ist. Der Kreis hat viele symbolische Bedeutungen, doch vor allem steht er für die unermeßliche Göttlichkeit, das Alpha und Omega, die göttliche Selbsterkenntnis, die der Magier erstrebt. Der Kreis ist ein Symbol dessen, was der Magier einmal werden wird, und symbolisiert so den Prozeß der Anrufung, den Griff nach einer höheren spirituellen Wirklichkeit. Wenn sich der Magier in die Mitte des Kreises stellt, kann er sich mit der Quelle der Schöpfung identifizieren, und sein Wille sorgt dann dafür, daß die *Ich-Teufel* oder sein niederes Selbst außerhalb der *Sphäre* des höheren Bewußtseins bleiben. Der Magier handelt nun insofern in eigener Machtbefugnis, als er beabsichtigt, die angerufene Gottheit seinem Willen dienbar zu machen. In diesem Zusammenhang sind die oben erwähnten Gottesnamen von wesentlicher Bedeutung.[12] Sie stehen um den Kreis herum geschrieben und bestimmen als heilige Namen das Wesen des symbolischen Werkes. Außerdem kann der Kreis von einer gleichseitigen geometrischen Figur umgeben sein, deren Seitenzahl der Sephirah auf dem Baum entspricht, die sich auf die jeweilige Gottheit bezieht, im Fall von Tiphareth (Osiris) ein Hexagramm. Der Kreis enthält auch ein Tau, das als Symbol sich durchsetzender männlicher Kraft ein Gleichgewicht mit der empfangenden, weiblichen Rolle des Kreises herstellt. Das Tau besteht aus zehn Quadraten, für jede Sephirah eins, und ist gewöhnlich, wie die Gottesnamen auch, zinnoberrot. Der Bereich des Kreises ist in einem komplementären Grün gehalten. In gleichen Abständen umgeben neun Pentagramme den Kreis, und jedes enthält eine kleine, brennende Lampe, während die zehnte und wichtigste über dem Zentrum des Kreises hängt.

Der Kreis muß selbstverständlich groß genug sein, damit sich der Magier frei bewegen kann. Er darf ihn während der Anrufung nicht verlassen, weil sonst die den Willen sammelnden Kräfte des Kreises vernichtet würden.

Wenn der Kreis nicht fest in den Tempelboden eingraviert ist, kann er mit Farbkreiden aufgemalt, auf Stoff genäht oder gedruckt werden. Wenn schon ein Kreis vorhanden ist, muß der Magier seine Heiligkeit geistig von neuem bekräftigen, weil er sonst ein rein profanes, *äußeres* Symbol bleibt. Der Magier zieht den bestehenden Kreis mit seinem Ritualschwert oder der ausgestreckten Hand nach und bedenkt dabei aufmerksam die symbolische Bedeutung seiner Handlung. Wenn es keinen Tempel für das Werk gibt, kann der Kreis schließlich auch (wenn im Freien gearbeitet wird) in die Erde geritzt werden, oder er wird wie im Fall des Bannungsrituals des kleinen Pentagramms in der Vorstellung festgehalten. Die Wirksamkeit des letzten Kreises hängt freilich von der Einbildungskraft des Magiers ab.

Das Dreieck spielt eine entgegengesetzte Rolle. Anders als der Kreis, der ein Symbol der Unendlichkeit ist, steht das Dreieck für die endliche Manifestation und ist ein Brennpunkt für alles schon Existierende. Es ist das Symbol der Dreiheit der Schöpfung und der Vereinigung der astralen, mentalen und physischen Ebenen. Es dient der Beschwörung oder Evokation. Wie der Kreis muß es sorgfältig errichtet oder geistig verstärkt werden, damit es einen Eindruck im Geist des Magiers hinterläßt. Das Dreieck muß die beschworene Wesenheit halten können, da der Magier sonst die Kontrolle über die Manifestation verlieren kann, so daß der Geist möglicherweise von ihm Besitz ergreift, worauf der Magier besessen wäre. Der Talisman in der Mitte des Dreiecks stellt das Siegel oder Zeichen des Geistes dar und ist der Brennpunkt des Rituals.

Zur Anrufung im magischen Kreis wird bestimmtes Gerät verwendet. Die meisten Gegenstände werden auf den Altar in der Mitte gelegt, der ein Symbol des magischen Willens ist, der Grundlage des Rituals.

Er besteht aus einem hölzernen Doppelwürfel – gewöhnlich aus Akazie oder Eiche – und hat zehn sichtbare Flächen, die den zehn Sephiroth des Baumes des Lebens entsprechen. Die unterste Fläche ist Malkuth, die Welt, die für die Dinge steht, wie sie im manifestierten Universum sind. Die oberste Fläche ist Kether, die Krone, das Erstmanifestierte, und Crowley rät, sie zu vergolden, weil Gold das Metall der Vollkommenheit ist. Auf die Seiten des Altars sollten ›die Sigillen der heiligen Elementarkönige‹[13] geschrieben werden.

Auf dem Altar befinden sich symbolische Utensilien, die die Vorstellungskraft zum Zustand der Transzendenz lenken sollen. Sie lassen sich wie folgt beschreiben:

DAS HEILIGE ÖL Die goldene Flüssigkeit wird am besten in einem Gefäß aus Bergkristall aufbewahrt. Der Magier salbt mit ihr die vier Punkte des Mikrokosmos (Kether, Chesed, Geburah, Malkuth) auf Stirn, linker und rechter Schulter, am Solarplexus, und denkt daran, wie heilig sein Vorhaben ist. Die Flüssigkeit selbst besteht aus den Ölen der Olive, der Myrrhe, aus Zimt- und Galgantöl, die der Reihe nach für Chokmah (Logos, Weisheit), Binah (Verstehen), Tiphareth (Harmonie, spirituelles Erwachen) und Kether-Malkuth (das große und das kleine Antlitz, die Einheit des Seins und des Geschaffenen) stehen.

DER STAB Er symbolisiert wie der Altar das Streben nach höherer Weisheit (Chokmah), die durch den Willen erlangt wird. Seine Spitze ist Kether, die androgyne erste Sephirah im Baum des Lebens, die alle Gegensätze vereint, die Dualität in all ihren Gegensätzen transzendiert. Im Golden Dawn wurde ein vielfarbiger Lotusstab verwendet, dessen oberes Ende weiß, das untere schwarz war. Dazwischen befanden sich zwölf Farbstreifen, die den astrologischen Zeichen entsprachen:

Weiß	
Rot	Widder
Rotorange	Stier
Orange	Zwilling
Bernsteingelb	Krebs
Zitronengelb	Löwe
Gelbgrün	Jungfrau
Smaragdgrün	Waage
Blaugrün	Skorpion
Blau	Schütze
Indigo	Steinbock
Violett	Wassermann
Purpur	Fische
Schwarz	

Der Lotuskelch mit drei Reihen von Blütenblättern saß auf der Spitze des Stabes, und das weiße Ende wurde für Anrufungen, das schwarze bei Bannungsritualen verwendet.

Franz Bardon gab ähnliche Anweisungen, nur nahm er Metallstreifen, deren kabbalistische Zuordnungen den sieben Planeten entsprachen:

Weiß		
Silber	Mond	Jesod
Bronze	Merkur	Hod
Kupfer	Venus	Netzach
Gold	Sonne	Tiphareth
Eisen/Stahl	Mars	Geburah
Zinn	Jupiter	Chesed
Blei	Saturn	Binah
Schwarz		

In Bardons System besteht der Stab aus Holz (vor allem Esche, Eiche oder Akazie) oder magnetisiertem Elektrostahl (zum Schutz vernickelt). Bei letzterem sind Nord- und Südpol gekennzeichnet, mit Positiv und Negativ. Der Magier kann für unterschiedliche magische Zwecke verschiedene Stäbe haben, und wie alle anderen magischen Utensilien sind sie in schützende Seidentücher gehüllt, wenn sie nicht in Gebrauch sind.

Der Stab verkörpert den ersten Buchstaben Jod des Tetragrammatons JHVH und steht für das Element Luft. Die nächsten rituellen Gegenstände Kelch, Schwert und Münze (oder Pentakel) vervollständigen diesen heiligen Gottesnamen und stehen für die Elemente Wasser, Feuer und Erde.

DER KELCH   Als weibliches, empfangendes Symbol gehört er zu Binah, der Mutter des Verstehens. Der Magier glaubt, daß er den Kelch seines Bewußtseins mit dem Wissen über sein höheres Selbst, mit dessen Verständnis füllen muß. Als ein Symbol des Zusammenfassens und weniger des Werdens spielt der Kelch bei der Anrufung keine Rolle, wird aber bei Ritualen der Manifestation eingesetzt.

DAS SCHWERT   Es verweist auf den Sieg des Magiers, auf die Meisterung der angerufenen oder evozierten Kräfte. Das Schwert (menschliche Stärke) entspricht dem Stab (göttliche Kraft). Es bedeutet Kontrolle und daher Ordnung und bezieht sich auf die Einsicht, welche die Frucht der Weisheit und des Verstehens ist. Es wird daher Tiphareth, der Sphäre der Harmonie zugerechnet. So ergibt auch die Symmetrie des Schwerts einen Sinn. Nach Aleister Crowley soll der Bügel aus einem zunehmenden und abnehmenden Mond bestehen, die Rücken an Rücken liegen (Jesod). Die Klinge soll aus Stahl bestehen (der dem Mars entspricht), und der Griff aus Kupfer (Symbol der Venus), ein Hinweis, daß das Schwert letztlich dem allumfassenden Prinzip der Liebe unterworfen ist. Wenn das Schwert direkt auf den Baum des Lebens gelegt wird, ruht der Knauf auf Daath, dem Tor zur heiligen Dreiheit. Die Spitzen des Bügels liegen auf Chesed und Geburah, die Spitze der Klinge in Malkuth. Crowley bemerkt, daß »der Magier das Schwert nur führen kann, wenn er die Krone auf dem Haupt trägt«. Das heißt, Kraft und Streben ohne Eingebung führen zu nichts.

DIE MÜNZE (PENTAKEL) Wie das Schwert dem Stab entspricht, so die Münze dem Kelch. Sie steht symbolisch für Malkuth, die himmlische Tochter und Göttin des manifestierten Universums, und soll der Überlieferung nach Ehrfurcht im Magier erwecken. Malkuth symbolisiert den ersten Schritt der mystischen Reise zurück zur Quelle des Seins. Die Münze ist so der Körper des Magiers, den er vom Heiligen Geist erfüllt haben möchte, und steht auch für sein Karma, für sein eigentliches Wesen vor der spirituellen Umwandlung.

Der Magier trägt auf seinem Kopf die Krone oder ein Band als Sinnbild von Kether. Als Symbol des Strebens nach dem Göttlichen sind sie von goldener Farbe.
Seinen Körper umhüllt das Gewand, das ihn vor schädlichen astralen Einflüssen schützen soll. Aus

diesem Grund raten die Okkultisten, daß das geistige Bild des Lichtkörpers während der Projektion eine Gestalt sein soll, die sich in Gewand und Kapuze hüllt. Das Gewand ist üblicherweise schwarz und symbolisiert Anonymität und Schweigen. Es ist das dunkle Gefäß, in das Licht ausgegossen wird. An der Brust ist das Lamen befestigt, der *Brustschild,* der das Herz (Tiphareth) schützt. Wie Tiphareth der Mittelpunkt aller Sephiroth ist, so trägt das Lamen Symbole, die sich auf alle Aspekte der Magie und ihrer Absicht beziehen. Das Lamen ist die aktive Form der passiven Münze und zeigt Stärke an, ebenso das magische Buch, das der Magier in seinen Händen trägt. Es enthält alle Einzelheiten der rituellen Absichten und Praxis. Es birgt sozusagen die Geschichte der sich entfaltenden Wirkungen seines magischen Willens. So ist es ein unverrückbares Symbol der Kraft und Entschlossenheit.

Außerdem verwendet der Magier gelegentlich eine Glocke, die er an einer Kette um den Hals trägt. Diese Glocke ruft und alarmiert, ist gleichzeitig die Glocke, die bei der Wandlung der Hostie erklingt. Sie stellt symbolisch die Wachsamkeit dar und spielt auf das ehrfurchtgebietende musikalische Tönen der höheren Sphären an, das im Herzen des vervollkommneten Menschen erklingt. So gesehen ähnelt die Glocke symbolisch der heiligen Lampe, die als das Licht der reinen Seele über den rituellen Utensilien ruht und den Abstieg des Geistes in die Form, des Lichtes in die Finsternis, Gottes in den Menschen versinnbildlicht. Sie steht für alles Ewige und Unveränderliche, die ersten Wirbel der Urenergie (»Es werde Licht«). »Sie ist das verlorene Wort, die ersterbende Musik, deren siebenfaches Echo IAO und AUM ist. Ohne dieses Licht«, sagt Crowley, »könnte der Magier überhaupt nicht arbeiten. Doch nur wenige Magier gibt es, die um das Licht wußten, und noch weniger haben seine Brillanz erblickt.«[14]

Das Zeremoniell

Wir haben gesehen, daß der Ritualmagier seine Vorstellungskraft stimuliert, indem er sich mit einer Reihe heiliger, symbolischer Gegenstände umgibt, und dem Zeremoniell eine mythologische Grundlage gibt. Er blickt nach Osten und ist bereit, den Göttern zu begegnen. Nach Osten hin steht das Rauchfaß mit den rotglühenden Kohlen und dem Räucherwerk, ein Symbol für die Art und Weise, in der das unvollkommene niedere Selbst dem *wahren* höheren Selbst geopfert wird.

Das Ritual der Neophyten unterstreicht den Anfang der magischen Reise in geeigneter Form. Wenn sich der Hierophant oder spirituelle Meister der Zeremonie an die Versammelten wendet, sagt er:

Mein Platz ist auf dem Thron des Ostens am Ort, wo die Sonne aufgeht, und ich bin der Meister der Halle, der nach den Gesetzen des Ordens über sie herrscht, wie der, dessen Ebenbild ich bin, der Meister all jener ist, die für das verborgene Wissen arbeiten. Mein Gewand ist rot wegen des ungeschaffenen und geschaffenen Feuers, und ich trage das Banner des Morgenlichts, welches das Banner des Ostens ist. Ich werde Kraft genannt und Barmherzigkeit und Licht und Fülle, und ich bin der Ausleger der Mysterien.

Der Hierophant schildert die magische Suche als einen Übergang aus der Dunkelheit ins Licht und fügt für den Neophyten, dessen Führer er ist, hinzu:

> Ich komme in der Kraft des Lichtes
> Ich komme im Licht der Weisheit
> Ich komme in der Barmherzigkeit des Lichtes
> Des Lichtes, dessen Flügel Heilung bringen.

Der Ritualmagier kennt zwar verschiedene Zwischenstufen, hat aber nur ein Ziel, die symbolische Erneuerung.

Wenn der Magier über einen längeren Zeitraum einige Grade durchlaufen hat und gut vorbereitet ist, unterzieht er sich schließlich einem symbolischen Begräbnis, kommt aus dem Grab der Adepten heraus und identifiziert sich mit Christian Rosenkreutz, der Rose und dem Kreuz des unsterblichen Christus, dem auferstandenen Osiris. Das Grab hat sieben Seiten, welche die sieben unteren Sephiroth darstellen, die Emanationen unterhalb der Dreiheit, die zugleich die sieben *Tage* der Schöpfung sind. Die Kammer liegt symbolisch in der Mitte der Erde, wie Tiphareth im Baum des Lebens das Zentrum einnimmt. Die spirituelle Wiedergeburt geschieht nach *einhundertzwanzig Jahren,* die Zahl der zehn Sephiroth multipliziert mit den zwölf Zeichen des Tierkreises. Sie folgt rituell dem Osirismythos, in dem der Körper des getöteten ägyptischen Gottes magisch wiederbelebt wird.

Der Magier liegt in die Symbole des einbalsamierten Osiris gehüllt und trägt das Symbol des Rosenkreuzes auf der Brust.

> Ewiger ... laß den Einfluß deiner göttlichen Wesen auf sein Haupt herniedersteigen; lehre ihn den

Wert der Selbstaufopferung, damit er nicht zurück-
weiche in der Stunde der Prüfung, daß sein Name
in der Höhe verzeichnet werde und sein Genius bei
den Heiligen stehe, in der Stunde, wenn der Men-
schensohn vor dem Herrn der Geister angerufen
wird, und sein Name vor den Alten der Tage. Es
steht geschrieben: »Wer meinen Weg gehen will,
nehme sein Kreuz auf sich, lasse von sich ab und
folge mir nach.«

Der Magier breitet die Arme aus, damit sein Körper ein
Kreuz bildet, ein rituelles Zeichen der Wiedergeburt.
Er erlebt im Ritual den Prozeß, und über ihm wird li-
turgisch gesungen:

Begraben mit dem Licht in einem mystischen Tod,
der wieder zur mystischen Auferstehung führt …
So steige denn aus diesem Grab, o Aspirant, deine
Arme über der Brust gekreuzt, in deiner Rechten
der Krummstab der Barmherzigkeit, in deiner Linken die Geißel der Strenge, die Embleme jener ewigen Mächte, von denen das Gleichgewicht des Universums abhängt, der Mächte, *deren Versöhnung
der Schlüssel des Lebens ist,* deren Trennung das
Böse und der Tod ist.

Der Magier tritt nun vom Licht erfüllt hervor und identifiziert sich symbolisch mit Christus und Osiris. Die
folgende Stelle verknüpft die ägyptische Mythologie
mit der Offenbarung des Johannes:

Und umgewandt sah ich sieben goldene Leuchter,
und mitten unter den sieben Leuchtern einen, der
war einem Ben Adam gleich, mit einem Gewand

bis zu den Füßen, begürtet mit einem goldenen Gürtel. Sein Haupt und sein Haar waren weiß wie Schnee, und seine Augen wie eine Feuerflamme. Seine Füße gleich wie Messing, das im Ofen glüht, und seine Stimme wie großes Wasserrauschen. Und er hatte sieben Sterne in seiner rechten Hand. Aus seinem Munde ging das Flammenschwert, und sein Angesicht leuchtete wie die helle Sonne.

Ich bin der Erste und der Letzte. Ich bin der Lebendige, und ich war tot, und siehe, ich bin lebendig von Ewigkeit zu Ewigkeit und habe die Schlüssel der Hölle und des Todes ... Ich bin der Gereinigte. Ich bin durch das Tor der Dunkelheit ins Licht gegangen ...

Ich bin die aufgehende Sonne. Ich bin durch die Stunde der Wolken und der Nacht gegangen.

Ich bin Amun, der Verborgene, der den Tag öffnet.

Ich bin Osiris Onnophris, der Gerechtfertigte.

Ich bin der Herr des Lebens, der über den Tod triumphiert.

In diesen magischen Zeremonien werden, ganz abgesehen vom Aspekt der Trance in der modernen Magie, der im nächsten Kapitel dargestellt wird, die Parallelen zwischen der Welt des Schamanen und der des heutigen Magiers deutlich.

Der Okkultist bewegt sich nicht nur in einem geordneten, hierarchischen Universum, sondern bezieht sich vor allem auf den Baum des Lebens, die Weltachse, welche die Welt der Gottheit mit der des Menschen verbindet. Die zehn Ebenen des Baumes sind von einem gewaltigen Pantheon von Wesen umgeben, die der okkulten Weltanschauung nach das mythologische Erbe des westlichen Menschen darstellen. Wie der

Schamane seinen Göttern begegnet, dabei das Heilige und einen letzten Sinn erfährt seiner Suche, so glaubt auch der Magier, daß er einen Bereich des verborgenen und speziellen Wissens betritt.

Im Golden Dawn führt das System der rituellen Magie den Neophyten durch einen Prozeß, der ihn dem Licht näherbringt, die innere Vision oder das *Feuer* entfacht, das nach Eliade im Mittelpunkt des schamanischen Prozesses steht. Es legt Nachdruck auf die Ansicht, daß der Kausalzusammenhang einem geheimnisvollen und transzendentalen Bereich des Universums entspringt, und daß Sinn oder Wirklichkeit zu entdecken sind, wenn diese Quelle aufgesucht wird. Jede Form eines modernen Schamanismus ist nur auf der Grundlage einer Kosmologie möglich, die auf dem Prinzip der Emanationen, der Hierarchie beruht, weil sich nur in einem derartigen System eine Struktur der Pfade, der *Sphären* findet, oder der alten jüdischen Throne und Säle, durch die sich der Schamane bewegen kann.[15]

Im Ritual des Neophyten und auch der anderen zeremoniellen Grade, die hier nicht angeführt sind, sehen wir eine Verschmelzung esoterischen Wissens mit einer Symbolik des *Aufsteigens*, die den Kandidaten auf Tiphareth, die Sphäre in der Mitte des Baumes, und die mystische Erneuerung vorbereitet. Er unterzieht sich einem symbolischen Begräbnis in einem Raum, der rituell mit der Schöpfung verbunden ist. Er identifiziert sich mit dem wiederauferstandenen Osiris und zeigt durch sein Heraustreten aus dem Grab, daß er den Tod bezwungen hat. Für all das findet sich Entsprechendes im Schamanismus. Der Magier identifiziert sich in diesem Ritual auch eindeutig mit dem mythischen, auferstandenen Christus – der in der okkulten Literatur oft mit Osiris zusammengebracht wird –, dies nicht auf blasphemische Weise, sondern mit starker Betonung der kosmischen Rolle Christi als Lichtbringer.

Illustration aus den alchimischen und mystischen Werken von Thomas Vaughan. Beachte Sonne und Mond, das Innere Licht im Zentrum des Bildes und den Kosmischen Drachen. Der Weltenberg erhebt sich im Hintergrund.

4

Techniken der magischen Trance

Wenn Okkultisten die innere Reise der Psyche beschreiben, verwenden sie oft Begriffe wie *Astralprojektion, Wegbahnungen* und *Lichtkörper.*

Im wesentlichen führt die Meditationstechnik der Trance durch eine gewollte Imagination zu einer Verlagerung des Bewußtseins in die visionäre Welt der Symbole.

Im Zusammenhang mit dem modernen Okkultismus wird die Trance zunächst durch eine Technik herbeigeführt, in der sich körperliche Entspannung mit einer geistigen Schärfe verbindet, die der Magier in zunehmendem Maß auf seine inneren, psychischen Prozesse richtet. Er beschwört in manchen Fällen besondere geistige Bilder herauf, versucht, die spirituellen Energiezentren seines Körpers zu aktivieren, die den Chakras des Yoga entsprechen, entspannt gleichzeitig den Körper und schränkt die Sinneswahrnehmungen ein. Die Meditation findet gewöhnlich im Dunkeln statt. Die meisten Okkultisten sind der Ansicht, daß sich der Astralkörper im Dunkeln leichter *projizieren* läßt als im Licht. In diesem Sinne wendet der Magier wie der traditionelle Schamane eine Technik der sensorischen Deprivation an, wenn er die Aufmerksamkeit von äußeren Sinnesreizen auf das Innere verlagert. Damit versucht er das Gefühl dieser anderen Wirklichkeit zu stärken und zu entwickeln, die sich in den mythischen Bildern und visionären Landschaften zeigt, die aufgrund seiner bewußten Konzentration aufsteigen. Die folgende Zusammenfassung stammt aus dem magischen Bericht des Fater Sub Spe (J. W. Brodie-Innes), einem führenden Mitglied des Golden Dawn:

Allmählich wird die Aufmerksamkeit von allem, was ringsum zu sehen und zu hören ist, abgezogen. Ein grauer Nebel scheint alles einzuhüllen, auf ihn wird die Form des Symbols projiziert wie bei einem Projektor, der seine Bilder auf Dampf wirft. Das Bewußtsein scheint dann durch das Symbol in dahinterliegende Bereiche vorzudringen ... Man hat den Eindruck, als sehe man eine filmartige Folge von Bildern ... Wenn diese Sensibilität des Gehirns und das Wahrnehmungsvermögen einmal gefestigt sind, scheint aus ihnen das Vermögen zu entstehen, diese visionären Szenen tatsächlich zu betreten und sie als bestehend zu erleben, wobei man dort sogar etwas tun *und bewirken* kann.[1]

Die Seelenreise des Schamanen wird im Okkultismus zur Astralprojektion auf die *Ebenen des Inneren,* und die stehen häufig in Verbindung mit den Ebenen des Bewußtseins, die der Baum des Lebens zeigt. Wie der Schamane nimmt der Okkultist seine Kosmologie, um die Wanderungen in der Trance genau zu umgrenzen, und die Götter auf dem Baum verkörpern in ähnlicher Weise den höheren Kausalzusammenhang, die Rückkehr zum Ursprung von Sein und Schöpfung. Der Okkultist hält sich an die Anschauung der Hermetik: ›wie oben, so unten‹. Das heißt, sein innerer Körper ist ein Mikrokosmos, der den Makrokosmos der Schöpfung spiegelt, und so kann seine innere Reise zu Offenbarungen und der Erfahrung der spirituellen Wiedergeburt führen.

Hinter der unten beschriebenen Übung steht eine Weltanschauung, die den Menschen zugleich als Mikrokosmos und Makrokosmos auffaßt. Die unter dem Namen *Säule der Mitte* bekannte Trancetechnik überträgt den kabbalistischen Baum auf den menschlichen Körper. Der Magier setzt die Weltachse sozusagen mit seinem Zentralnervensystem gleich, das er durch etwas zu aktivieren sucht, was der Erweckung der Kundalini-Kraft im Yoga entspricht.

Die Übung der Säule der Mitte kann folgendermaßen zusammengefaßt werden: Der Magier stellt sich strahlendes weißes Licht vor, das aus der Höhe über seinem Kopf herabströmt. Dieses Licht entspricht dem ersten Licht der Schöpfung, das sich auf dem kabbalistischen Baum des Lebens in der ersten Sephirah Kether manifestiert. Er läßt den heiligen hebräischen Gottesnamen Ehejeh als magische Formel erklingen.

Der Magier stellt sich nun vor, daß das Licht das Zentralnervensystem so durchströmt, wie der Urblitz der Energie im Schöpfungsprozeß durch die Sephiroth niederfuhr.

Es steigt zur Kehle nieder, und der Magier stellt sich vor, es strahle als malvenfarbiges Licht aus. (Sephirah: Daath, Gottesname Jehovah Elohim)

Wenn es weiter niedersteigt, erreicht es die Herz- und Solarplexusgegend. Es verwandelt sich jetzt in goldgelbes Licht. (Sephirah: Tiphareth, Gottesname Jehovah Eloah Va Daath)

Vom Herzen steigt es in die Genitalzone nieder,

und die Farbe des imaginierten Lichts verwandelt sich von Gelb in ein tiefes, strahlendes Purpur.
(Sephirah: Jesod, Gottesname Schaddai el Chai)
Schließlich erreicht das Licht die Füße des Magiers, und er stellt sich die Farben der herbstlichen Erde vor, rostbraun, zitronengelb, schwarz und olivgrün.
(Sephirah: Malkuth, Gottesname Adonai ha Arez)

Der Magier stellt sich nun vor, daß weißes Licht an seiner linken Seite nach unten strömt, unter seine Füße und an der rechten Seite hinauf bis zur Scheitelhöhe. Dann vergegenwärtigt er sich einen Strahl Lichtenergie, der von seinem Kopf über Nase, Brust hinunter zu den Füßen und von dort den Rücken entlang wieder hinauf zum Kopf läuft. Er hüllt damit seinen Körper, der flach liegen kann oder in Meditationshaltung auf einem Stuhl sitzt, in seiner Vorstellung ein. Er atmet tief und regelmäßig. Er stellt sich vor, die Grenzen des Lichts bilden ein durchscheinendes Gefäß, das in Wirklichkeit sein Bewußtsein ist. Ihm ist jetzt, als fülle sich das Gefäß, etwa mit einer Flüssigkeit, und der leergebliebene Raum im Gefäß stellt den Bereich seines Bewußtseins dar. Zuerst füllen sich seine Beine, und er ist sich nur seines Körpers oberhalb der Knie bewußt. Dann steigt die Oberfläche, und er ist sich nur noch seines Brustbereichs bewußt. Bald bleibt nur noch der Kopf als einziger bewußter Körperteil, denn alle übrigen sind in Trance gefallen und praktisch inaktiv.

Der Okkultist setzt diese und verwandte Techniken ein, um seine visuelle Achtsamkeit von der äußeren Welt weg auf den inneren, kontemplativen Bereich der Bilder zu lenken. Er bemüht sich im Rahmen der Magie um die Verbindung der Bewußtseinsverlagerung mit dem magischen Akt, willentlich ein Bild erscheinen zu lassen. Dieses Bild ist gewöhnlich die Gestalt, in welcher der Magier die Ebenen des Inneren bereisen wird. Häufig handelt es sich um eine stilisierte Form des Magiers selbst, die gewöhnlich in einen Umhang gehüllt ist. Bei den traditionellen Schamanen kann es sich auch um Tiergestalten und anderes handeln, was der Ebene der magischen Begegnung entspricht. Während der Körper des Okkultisten in tiefe Trance versunken scheint, veranlaßt er willentlich sein Bewußtsein, ein Bild, eine Gottesform der inneren Ebene anzunehmen. Der Magier ahmt zum Beispiel den Abstieg des Horus in die ägyptische Unterwelt nach, in der er Osiris sucht, und stellt sich dabei vor, er besitze nun den Körper des Horus, wobei er praktisch wie die Gottheit handelt, wahrnimmt und aussieht. Berichte über solche magische Handlungen zeigen, daß die Techniken der Verlagerung zu visuellen Erlebnissen führen, die von großer existentieller Glaubwürdigkeit sind. Sie ähneln den bewußten Zuständen, die durch die Techniken der *aktiven Imagination* verstärkt werden, welche zum erstenmal von Psychotherapeuten wie Desoille, Caslant und anderen eingesetzt wurden, ebenso wie den halluzinatorischen Erlebnissen, von denen Menschen berichten, die mit LSD, Meskalin und Datura arbeiteten. Der Okkultist nimmt an, daß sich seine Sehvorgänge in einen Bereich des Geistes verlagert haben, der normalerweise unbewußt bleibt, so, als begebe er sich in einen Tagtraum. Wenn wie im *Traum* des Schamanen Fantasien und mythologische Elemente aufsteigen, werden sie als existentiell wirklich wahrgenommen, und zwar ebenso intensiv wie die Alltagswirklichkeit.

Einige Menschen, die in der magischen Projektion erfahren sind, sprechen von einer Silberschnur, die den physischen Körper mit dem Astralleib verbindet, doch Celia Green wie auch Peter Bicknell, die in England beziehungsweise Australien Personen untersucht haben, die von außerkörperlichen Erfahrungen berichteten, stellten fest, daß diese Verbindungsschnur nur sehr selten beobachtet wird.[2]

Wie bei der Epilepsie des Schamanen kommt es beim Magier nicht bloß auf den veränderten Bewußtseinszustand an. Der Okkultist muß seinen Zustand geistiger Dissoziation benutzen und auf Pfaden des Tarot reisen, die sich vor ihm auftun und ihn in archetypische und mythologische Bereiche führen. Im außerkörperlichen Zustand visualisiert er den ganzen Baum des Lebens über sich und wählt den Pfad, den er erkunden möchte. Sein Wissen über verwandte Bilder (mythologische Entsprechungen), die ebenfalls sichtbar werden, hilft ihm immer weiter. Falls diese sich von ihrer feindlichen, aggressiven Seite zeigen, kennt er magische Formeln und Gesten, die sie vertreiben. Es ist unwahrscheinlich, daß ein Okkultist der außerkörperlichen Erfahrung gleichzeitig mehrere Pfade beschreiten wird, obwohl es auch Ausnahmen gibt. Im Fall des zeremoniellen Werks der Grade besteht das wesentliche Ziel darin, im Baum des Lebens Tiphareth zu erreichen, die mythische Region der spirituellen Erneuerung und Wiedergeburt. Astralflüge auf der Säule der Mitte über diese Ebene hinaus führen den Okkultisten auf den Abgrund (Abyssus) zu, die Region des Baumes, in der ein Abgrund das geschaffene Universum kosmologisch von der Dreiheit trennt. Nur wenige Magier haben wie Aleister Crowley von sich behauptet, den Abyssus überquert zu haben. Das ist im heutigen Glaubenssystem der Magie nur

Menschen von außergewöhnlicher spiritueller Reinheit und sehr hoher Bewußtheit möglich. Viel eher erkunden die Okkultisten im Zustand der Trance begrenztere mythische Bereiche, und die Berichte über die magischen Erfahrungen zeigen, daß die Art der visuellen Stimulierung, welche die Dissoziation herbeiführen soll, von großer Wichtigkeit für den Inhalt der visionären Erfahrung ist.

Die Trancetechniken des Golden Dawn

Berichte über solche Wanderungen in der Trance finden sich in einer Reihe von Abhandlungen, die von erfahrenen Okkultisten des Ordens des Golden Dawn verfaßt wurden. Die Abhandlungen hießen *Flying Rolls* und wurden in einer Anthologie magischer Dokumente wiederveröffentlicht.[3]

Bei einigen der magischen Reisen wurden auch Kombinationen der Farbsymbole der Tattvas miteinbezogen, in der modernen hermetischen Magie eines der wenigen Beispiele für einen östlichen Einfluß. Die Tattvas verkörpern in der Mythologie des Hinduismus die fünf Grundprinzipien. Sie werden wie folgt dargestellt:

Tejas, rotes gleichseitiges Dreieck	Feuer
Apas, silberner Halbmond	Wasser
Vayu, blauer Kreis	Luft
Prithivi, gelbes Quadrat	Erde
Akasha, indigofarbenes oder violettes Ei	Geist

In der *Flying Roll XI* des Golden Dawn wird folgende Tattvavision beschrieben. Moina Mathers saß in ihren zeremoniellen Gewändern in Meditation versunken und kontemplierte eine Tattvakarte, auf der Tejas und Akasha verbunden waren, ein violettes Ei in einem roten Dreieck (Geist im Feuer). Das Symbol schien vor ihren Augen größer zu werden, füllte den Raum, so daß sie anscheinend hineingehen konnte, in ein weites Flammendreieck. Ihr war, als befinde sie sich in einer kargen Sandwüste. Sie ließ den Gottesnamen *Elohim* erklingen und erblickte in der Ferne eine kleine Pyramide. Als sie sich dieser näherte, entdeckte sie in jeder Fläche eine kleine Tür. Sie ließ die Formel *Sephariel* erklingen, und ein Krieger erschien an der Spitze eines feierlichen Aufzuges von Wächtern. Nach einer Reihe von Prüfungen, bei denen es auch um die Zeichen der rituellen Grade ging, knieten die Wächter vor ihr nieder, und sie trat ein:

> Blendendes Licht wie in einem Tempel. Ein Altar in der Mitte – von knienden Gestalten umgeben, dahinter ein Podium, auf ihm viele Gestalten – anscheinend Elementargeister feuriger Natur ... Sie sieht ein Pentagramm, gibt einen Löwen hinein (ein Feuerzeichen), dankt der Gestalt, die sie führt – ist willens, durch die Pyramide zu dringen, befindet sich draußen auf dem Sand. Will die Rückkehr – kehrt zurück – nimmt ihren Körper im Gewand wahr.[4]

Aus diesem Bericht wird wie aus vielen ähnlichen deutlich, daß sich die visionäre Landschaft aus dem Symbol herleitet, das im Brennpunkt der Konzentration stand. Der immaterielle Aspekt der Vision – der Geist – scheint sich im geheimnisvollen und heiligen Charakter des inneren Tempels zu äußern, den die

Magierin betreten darf. Sie nimmt allerdings Elementarwesen des Feuers wahr, die in der okkulten Hierarchie weit unterhalb der Ebene der Götter angeordnet sind. Vom magischen Standpunkt aus sehen wir, daß diese Erfahrung zwar interessant ist, jedoch zu keinen Einsichten führt, die das Selbst umwandeln würden. Tattvavisionen sind häufig eingrenzend oder halten fest, weil sie ihrem Wesen nach aus einem speziellen, die Konzentration bündelnden Motiv entstehen.

Ein andermal verwendete Moina Mathers die Verbindung der Tattvas Wasser und Geist. Ihr Bericht zeigt nicht nur, wie das magische Symbol mit den Wesen zusammenhängt, die in der Vision erscheinen, sondern zeigt auch, welche Rolle die kontrollierte Imagination spielt. Der Okkultist muß wie der Schamane in der Lage sein, die Visionen zu meistern:

Eine weite Wasserfläche mit vielen hellen Lichtreflexen, ab und zu zeigen sich flüchtig die Farben des Regenbogens. Wenn göttliche und andere Namen ausgesprochen werden, erscheinen Elementargeister vom Typus Meerjungfrau und Meermann, doch kaum die anderen Elementarformen. Diese Wasserformen sind äußerst veränderlich, sehen einen Augenblick wie greifbare Meerjungfrauen und -männer aus, lösen sich im nächsten in Schaum auf.
Ich erhebe mich mit Hilfe des höchsten Symbols, das mir gelehrt worden ist, und ich lasse die Namen des Wassers erklingen, steige höher, bis das Wasser verschwindet, bis ich eine gewaltige Welt oder Kugel erblicke, mit ihren Bereichen und Gruppen von Göttern, Engeln, Elementargeistern und Dämonen – ein ganzes Universum des Wassers ... Ich rufe HCOMA an, und vor mir erscheint ein

mächtiger Erzengel mit vier Flügeln, in glitzerndes Weiß gehüllt und eine Krone auf dem Haupt. In einer Hand, in der Rechten, hält er eine Art Dreizack, in der Linken einen bis zum Rand gefüllten Kelch mit einer Essenz, die er nach beiden Seiten hin ausgießt.[5]

In diesem Beispiel führt die Wahrnehmung einer Hierarchie von Wesen und Symbolen tatsächlich zu einer Veränderung des Bewußtseins. Moina Mathers setzt ihre Sammlung magischer Namen ein, ruft etwas an, was hinter der Ebene der Elemente liegt, welche die Konzentration bündeln, bis der Erzengel erscheint. Der Bericht erwähnt den magischen Namen HCOMA, der der sogenannten henochischen Sprache entnommen ist. Henochische Buchstabenfolgen werden im heutigen Okkultismus immer noch verwendet, um Trancereisen auszulösen, sowohl in ihrer reinen Form wie in Verbindung mit den Tattvas.

Die henochische Trance

Das sogenannte henochische System geht auf das Werk der elisabethanischen Okkultisten John Dee und Edward Kelley zurück, die sich 1581 kennenlernten. Dee hatte sich schon einen Ruf als Humanist in Cambridge erworben und war auch ein bekannter Astrologe. Man bat ihn, das günstigste Datum für die Krönung Elisabeths I. zu bestimmen. Kelley besaß eine alchimistische Handschrift, für die sich Dee sehr interessierte, und behauptete außerdem, Reisen in das geistige Reich unternehmen zu können. Dee und Kelley verwendeten Wachstafeln, sogenannte Almadele, in die magische

Symbole eingeritzt waren, dazu eine beträchtliche Anzahl 49 Zoll großer Quadrate mit den Buchstaben des Alphabets. Kelley hatte auf einem Tisch in seiner Nähe einen großen Kristall, auf den er sich konzentrierte, bis er Engel erscheinen sah. Diese deuteten auf verschiedene Lettern in den Quadraten, und Dee schrieb sie nun nieder, wie Kelley sie ihm nannte. Sobald diese Anrufungen vollständig aufgeschrieben waren, kehrte Kelley die Reihenfolge der Buchstaben um, weil er annahm, die Engel würden sie rückwärts übermitteln, damit die magische Kraft in ihnen nicht freigesetzt wurde.

Dee und Kelley waren der Ansicht, daß diese Botschaften die Grundlage einer neuen Sprache, des Henochischen bildeten. Später wurden diese magischen Beschwörungen von den Magiern des Golden Dawn in die Praxis umgesetzt, wobei sie mit ihrer Hilfe die Konzentration vertieften, um in der Trance Visionen auszulösen.

Jedes Quadrat wurde von einem henochischen Gottesnamen regiert und war durch unterschiedliche Zusammensetzungen der vier Elemente charakterisiert. Den Zugang verschaffte eine Technik, bei der das Quadrat als dreidimensionaler Pyramidenstumpf visualisiert wurde, der auf der Spitze den Gottesnamen trug. Der Magier stellte sich vor, in der Pyramide auf einem Strahl weißen Lichts aufzusteigen, der aus der Höhe niederströmte.[6]

Das henochische Quadrat, das *Amesheth* regiert, enthält zu einem großen Teil die Elemente Wasser und Feuer. In der folgenden magischen Vision, welche die Okkultistin Soro Fortiter et Recte (Annie Horniman) als Initiation ansah, war die beherrschende Gestalt den beiden Elementen zuzuordnen: Es handelte sich um einen weiblichen Engel mit einer Mondsichel auf dem Kopf und einem Kelch in der Hand (Symbole für das Wasser), der ein Feuerpentagramm auf der Brust trug. Die Hände hielten Symbole beider Elemente:

Ich machte die Zeichen und rief die Namen an und bat, den weiblichen Engel sehen zu dürfen. Die Gestalt erschien mit einer blauen Mondsichel auf dem Kopf und hatte sehr langes braunes Haar. Ihr Gewand war hellblau mit schwarzem Saum, und auf ihrer Brust befand sich ein Pentagramm in Rot: Die Flügel waren ebenfalls blau, wie auch der Kelch in der Linken. In der Rechten trug sie eine rote Fackel. Sie war von einer Raute aus roten Jods umgeben.[7] Sie sagte mir, ihre Aufgabe sei »Veränderung und Reinigung durch Leiden, das die materielle Natur vergeistigt«. Ich antwortete ihr, daß ihr bleiches Gesicht und die blauen Augen einen traurigen, sanften Ausdruck hatten, während sie sprach ...
Die Elementargeister sahen wie blaue Jungfrauen aus, die Flammen trugen, und ihre Gewänder hatten einen schwarzen Saum. Einige trugen Helme mit blauen Flügeln und Umhänge, rote Brustharnische und Schwerter und schwarze Beinschienen. Mir wurde gesagt, daß ich alles nur gezeigt bekam, weil ich von Amesheth wußte.

Die Magierin nahm darauf wahr, wie die Kausalität der Vision mit ihrer eigenen irdischen Umgebung verknüpft war.

In dieser Welt wirkt sich das so aus, daß sich die Wasserfluten mit unterseeischen Vulkanen vereinigen und so die Erde unter dem Meer in Unordnung bringen. Das Tierreich wird von den Fischen verkörpert, die in warmen Klimazonen unter Felsen verborgen ruhen. Ich sah sie anscheinend, blau mit schwarzen oder roten Flecken. Bei den Pflanzen sind es die Seerosen, die Wurzel im schwarzen Schlamm, die Blätter auf der Oberfläche des Wassers ruhend, ein Erleben der Sonne. Was die Minerale betrifft, erblickte ich einen großen bläulichen Opal, in dem rote Lichter spielten. Er lag in einem schwarzen Marmorbecken, und auf alle Seiten strahlte er ein liebliches Licht aus.

Das Quadrat bringt dem Menschen Rastlosigkeit, wirkt wie die Meereswogen, trägt ihn begeistert zu einem Werk und seiner Vollendung hin. Ich glaubte, ein überempfindliches Wesen zu erblicken, mit bleichem Gesicht, dunklen tiefliegenden Augen und schmalen, weißen Händen, das mit großer Anstrengung ein Feuer durchqueren wollte, um sein Ziel zu erreichen, einen festen schwarzen Sockel. Ich wußte, daß die männliche Gestalt dort beginnen konnte, sich zu Höherem zu erheben. Doch heiße Dampfwolken und mächtige Wasserfluten wollten verhindern, daß er auch nur das Feuer erreicht. Die Lehre schien mir zu sein, daß strenge Kritik, gesellschaftliche Schwierigkeiten und die ererbten Anlagen überwunden werden müssen, bevor wir das reinigende Feuer der Initiation erreichen können und dann mit seiner Hilfe den festen Boden spirituellen Wissens.[8]

Die Erfahrungen henochischer Visionen waren nicht auf die Mitglieder des Golden Dawn beschränkt. Als sich Aleister Crowley von dem Orden gelöst hatte, führte er mit seinem Schüler Victor Neuburg eine Reihe von Experimenten durch, Initiationen, bei denen sie sich an Formen der henochischen Magie hielten. Sie setzten vor allem eine Reihe von Beschwörungen ein, die von Dee und Kelley aufgezeichnet worden waren und mit denen dreißig sogenannte *Aethyre* oder *Aires* angerufen werden konnten.

Nach Israel Regardie führte Crowley einen großen Goldtopas mit sich, auf einem Holzkreuz, das mit rituellen Symbolen geschmückt war.[9] Er rezitierte die henochische Beschwörung an einem einsamen Ort und bündelte mit dem Topas Aufmerksamkeit und Konzentration. Die Meditationen brachten Crowley Visionen, die von Neuburg aufgezeichnet wurden. Er schrieb alles, was Crowley in der Trance aussprach, der Reihe nach nieder. Crowley hatte zwar schon 1900 in Mexiko zwei Aethyre angerufen, doch der Großteil des henochischen Werks wurde 1909 in der Einsamkeit der algerischen Wüste an Orten wie Aumale, Ain El Hajel, Bou-Saada, Benshrur, Tolga und Biskra ausgeführt.

Crowleys henochische Aufzeichnungen zeigen typisch schamanische Merkmale. Der Aethyr mit Namen NIA ist mit einem magischen Flug verknüpft, der in einem Wagen durch die Äonen führt, ein Motiv, das sich in vielen Berichten über Ekstasen findet wie auch in der frühen äthiopisch-jüdischen Apokalypse des Henochbuchs. Ein weiterer Aethyr versetzt Crowley auf einen magischen Berg, hinter dem ein heiliger Schrein liegt, in dem die Anbeter Gottes versammelt sind. Hier einige Auszüge aus den Berichten:

NIA (Aethyr 24)
Ein Engel tritt vor in den Stein, wie ein Krieger mit einem Kettenhemd angetan. Auf dem Kopf trägt er graue Federn, aufgestellt wie das Rad eines Pfaus. Seine Füße umgibt ein großes Heer von Skorpionen

und Hunden, Löwen, Elefanten und vielen anderen wilden Tieren. Er reckt die Arme zum Himmel auf und ruft: »Im Knattern des Blitzes, im Grollen des Donners, im Klirren der Schwerter und im Schwirren der Pfeile, dein Name sei gepriesen!«

Feuerströme kommen aus dem Himmel, ein fahl leuchtendes Blau, wie Federn. Und sie vereinigen sich und berühren seine Lippen. Seine Lippen sind roter als Rosen, und die blauen Federn vereinigen sich zu einer blauen Rose, unter den Blütenblättern der Rose kommen leuchtendbunte Kolibris hervor, und von der Rose tropft Tau, honigfarbener Tau. Ich stehe in diesem Regen.

Und aus der Rose ertönt eine Stimme: »Geh fort! Unser Wagen wird von Tauben gezogen. Aus Perlmutter und Elfenbein ist unser Wagen, und die Zügel sind die Herzfasern der Menschen. Mit jedem Augenblick durchfliegen wir ein Äon. Und jeder Ort, an dem wir ruhen, wird ein junges Universum sein, voller Frohlocken über die eigene Stärke. Die Wiesen dort werden mit Blumen bedeckt sein. Wir werden nur eine Nacht dort ruhen, und am Morgen fliegen wir erquickt weiter.«

Nun habe ich mir jenen Wagen vorgestellt, von dem du sprachst, und ich schaue, wer mit mir im Wagen ist. Es war ein weiblicher Engel mit goldener Haut, und die Augen der Gestalt waren blauer als das Meer, und ihr Mund war röter als das Feuer, und ihr Atem war ambrosischer Lufthauch. Feiner als Spinnweben waren ihre Gewänder. Und sie zeigten die sieben Farben.

In Crowleys Vision finden sich einige Symbole, die nach dem System der Entsprechungen mit dem Baum des Lebens und seiner Kosmologie verbunden sind. Das Schwirren der Pfeile ist im Sinn der Magie mit dem Pfad des Schützen (Tau) auf der Säule der Mitte verknüpft, ein Pfad, der oft mit der magischen Handlung des Aufsteigens durch die Ebenen gleichgesetzt wird. Das Pfauenrad faßte Crowley als Attribut der Juno auf, und die Kolibris und Tauben waren seit altes her der Venus heilig und werden in der Aufstellung der Entsprechungen in Verbindung mit ihr angeführt. Obwohl der Aethyr an einen Krieger in seiner Rüstung denken läßt, enthält die Vision einige ausgesprochen weibliche Bilder. Typisch, daß sich das Kriegerische am Wagen verwandelt, bis er von Tauben gezogen wird. Die Gestalt des Rosenengels möchte den Magier in eine paradiesische Welt der Blumenwiesen mitnehmen und wird mit den sieben Farben des Regenbogens in Zusammenhang gebracht.

Der Bericht über die Vision Crowleys spricht später vom ekstatischen Charakter seiner Trance:

Ich blicke durch jene Augen, und das Universum, ein Wirbel goldener Funken, weht dahin wie ein Sturm. Ich scheine wieder anzuschwellen ... Mein Bewußtsein füllt den ganzen Aethyr, und immer wieder höre ich NIAs Schrei in mir erschallen. Er klingt wie unendliche Musik, und hinter dem Klang ist die Absicht des Aethyrs.[11]

Dann nimmt die Vision eine andere Wendung, gibt sich feindlicher. Sie gleicht jetzt dem Motiv *Ekstase–Tod–Wiedergeburt* des traditionellen Schamanismus wie auch den sibirischen Sagen vom Schmied und seinem Feuer:

Die ganze Zeit wirbeln die goldenen Funken weiter, und sie sind wie blauer Himmel, eine große Zahl sehr leichter weißer Wolken in ihm, draußen. Und nun sehe ich Berge um mich, ferne blaue Berge, purpurne Berge. Und in der Mitte ist ein kleines moosiges Tal, und im Moos glitzert der Tau, der von der Rose tropft. Und ich liege mit nach oben gerichtetem Gesicht im Moos, trinke, trinke, trinke, trinke vom Tau.

Ich kann dir nicht die Freude und die Erschöpfung von allem schildern, das da war, und die Energie von allem, was ist, denn dort im Moos liegt nur ein Leichnam. *Ich bin die Seele des Aethyrs.*

Jetzt ein Widerhall wie von den Schwertern der Erzengel, die sie gegen die Rüstung der Verdammten schlagen. Und himmlische Schmiede scheint es zu geben, die den Stahl der Welten auf den Ambossen der Hölle hämmern, um dem Aethyr ein Dach zu schaffen.[12]

LIT (Aethyr 5)

Dort ist ein glänzender Pylon, über dem sich das Sigill des Auges im glänzenden Dreieck befindet. Licht flutet durch den Pylon vom Gesicht der Isis-Hathor aus, denn sie trägt die Mondkrone aus Kuhhörnern, mit der Scheibe in der Mitte; an ihrer Brust trägt sie den Horusknaben.

Und eine Stimme spricht: »Du weißt nicht, wie die Sieben mit der Vier vereint wurde, und noch viel weniger kannst du die Hochzeit der Acht mit der Drei begreifen. Und doch gibt es ein Wort, in dem sie zu Einem werden, und das enthält das Mysterium, das du suchst, das mit dem Zerreißen des Schleiers meiner Mutter zu tun hat.«

Nun zeigt sich eine Allee von Pylonen, einer nach dem anderen, aus dem festen Fels des Berges gehauen. Und der Fels ist härter als Diamant und heller als Licht und schwerer als Blei. In jedem Pylon thront ein Gott. Anscheinend eine endlose Reihe von Pylonen. Und alle Götter der Völker auf der Erde sind zu sehen, denn es gibt viele Alleen, und alle führen auf den Gipfel des Berges.

Jetzt erreiche ich den Berggipfel, und der letzte Pylon führt in einen runden Saal, und andere Pylonen führen aus ihm hinaus, und jeder ist der letzte Pylon einer großen Allee, und anscheinend gibt es neun dieser Pylonen. Und in der Mitte ist ein Schrein, ein runder Schrein, Marmorstatuen von Männern und Frauen tragen ihn, die abwechselnd weiß und schwarz sind. Sie blicken in die Höhe, und ihre Hintern sind beinahe flachgeküßt von den vielen, die kamen, um jenen höchsten Gott anzubeten, der das einzige Ziel der vielen verschiedenen Religionen ist. Doch der Schrein ist so hoch, daß kein Mensch ihn erreichen kann.

Aber der Engel, der bei mir war, hob mich auf, und ich sah, daß der Rand des Altars, wie ich das nennen muß, von Heiligen umgeben war. Jeder hielt in seiner Rechten eine Waffe – einer ein Schwert, einer einen Speer, einen Donnerkeil und so weiter, und jeder machte mit der Linken das Zeichen des Schweigens. Ich möchte sehen, was sich in diesem Ring befindet. Einer beugt sich vor, damit ich die Losung flüstern kann. Der Engel läßt mich flüstern: »Da ist kein Gott.« Sie lassen mich also ein, und obwohl es da in der Tat nichts zu sehen gab, war da doch eine sehr sonderbare Stimmung, die ich nicht verstehen konnte.

In der Luft dort schwebt ein silberner Stern, und die Stirn jedes Wächters trägt einen silbernen Stern. Er ist ein Pentagramm – denn wie der Engel sagt, sind fünf und drei acht, drei und acht sind elf. Es gibt noch eine andere Zahlenerklärung, die ich nicht hören kann.

Und als ich ihren Ring betrat, forderten sie mich auf, in ihren Kreis zu treten, und mir wurde eine Waffe gereicht. Und die Losung, die ich ausgesprochen hatte, schien vom einen zum anderen weiterzulaufen, denn jeder nickt ernst in feierlichem Einverständnis, bis mir der letzte dieselben Worte ins Ohr flüstert. Sie haben aber einen anderen Sinn. Ich hatte sie als Leugnung der Existenz Gottes aufgefaßt, doch der Mann, der sie ausspricht, meint offensichtlich nichts dergleichen: Was er damit ausdrücken will, kann ich überhaupt nicht sagen. Er legt eine leichte Betonung auf das Wort *da*.

Und nun ist plötzlich alles wie weggewischt, und der Engel des Aethyrs erscheint. Er ist ganz in Schwarz, blanke schwarze Schuppen mit dünnem goldenem Rand. Er hat riesige Flügel mit schrecklichen Krallen an den Enden, und er hat ein wildes Gesicht wie das eines Drachens und furchtbare Augen, die einen bis ins Innerste durchdringen.

Und er spricht: »O du, der du so schwer von Begriff bist, wann wirst du beginnen, dich zunichte zu machen in den Mysterien des Aethyrs? Denn alles, was du denkst, ist nichts als dein Gedanke, und wie es im letzten Schrein keinen Gott gibt, so gibt es auch kein Ich in deinem Kosmos.

Die das gesagt haben, gehören zu jenen, die verstanden haben. Und alle Menschen haben es falsch gedeutet, wie auch du es mißverstanden hast.« Und er spricht weiter. Ich kann es nicht recht erfassen, aber es scheint so zu sein, daß der wahre Gott gleichermaßen in allen Schreinen ist, so wie das wahre Ich in allen Teilen des Körpers und der Seele ist. Sein Sprechen ist ein so schreckliches Tosen, daß die Worte unmöglich zu verstehen sind, nur hier und da ist eine Wendung zu verstehen, ein Hauch eines Gedankens. Mit jedem Wort stößt er Rauch aus, so daß der ganze Aethyr voll davon wird.[13]

Crowley erblickt in der Vision LITs das magische Symbol des Auges im Dreieck, das stets als das Auge des Horus angesehen wurde. Das Dreieck verknüpft die Quelle des Lichts mit den drei ersten Sephiroth auf dem Baum des Lebens, die das Dreieck des Überirdischen bilden. LIT beginnt so mit einem Hinweis auf eine hohe spirituelle Kraft. Wir stoßen auch auf bekannte kosmologische Motive: Pylonen, die in den Himmel ragen, einen Berg, der die Mitte der Welt ist. »Alle Götter der Völker auf der Erde sind zu sehen, denn es gibt viele Straßen, und alle führen auf den Gipfel des Berges.«[14]

Wie in den Berichten der Schamanen wird die Vision auf dem Berggipfel zur Offenbarung. Zunächst wird dem Magier mitgeteilt, daß da kein Gott sei, doch später erkennt er plötzlich, daß ihn die eigenen irrigen Ansichten dazu verführten, einen falschen Schluß zu ziehen. Er entdeckt, von einem gewaltigen tosenden Klang eingehüllt, daß der wahre Gott gleichermaßen in allen Schreinen ist, so wie das wahre Ich in allen Teilen des Körpers und der Seele ist. Der Magier findet so die Quelle seiner Verbindung mit dem Kosmos. Später gibt sich das höchste Wesen als *der große Drache* zu erkennen, *der das Universum verschlingt.* In der hermeti-

schen Magie ist der Drache, der sich in den Schwanz
beißt, ein Symbol für die Totalität, die das gesamte Universum umfaßt. In diesem Zusammenhang stellt es
auch eine magische Prüfung dar: »Nur wer an mir vor-
beikommt, kann die Vollendung erreichen.«[15]

Das Tarot

In der magischen Trance bringen zwar das henochische System und das der Tattvas höchst präzise visionäre Zustände hervor, doch die Anwendung des Großen Arkanums des Tarot in Verbindung mit dem Baum
des Lebens führt zu einem umfassenderen Prozeß der
Umwandlung. Wie die Tattvas und die henochischen
Quadrate stimulieren sie grundsätzlich den Eintritt in
einen visionären Trancezustand, und da die funda-
mentale Mythologie des Tarot viel weiter zu einer
Hierarchie ausgeformt ist, sind die kosmologischen
Entsprechungen zum Vorgehen der Schamanen deutlicher zu sehen.

Das System der Pfade des Tarot kann auf unterschiedlichste Weise mit dem Baum des Lebens verknüpft werden. Die folgende Aufstellung ist am häufig-
sten anzutreffen. Die Pfade führen der Reihe nach vom
Tiefsten zum Höchsten, wie sie auch ein Schamane
beschreiten würde:

Die Welt	Malkuth – Jesod
Das Gericht	Malkuth – Hod
Der Mond	Malkuth – Netzach
Die Sonne	Jesod – Hod
Der Stern	Jesod – Netzach
Der Turm	Hod – Netzach

Der Teufel	Hod – Tiphareth
Der Tod	Netzach – Tiphareth
Die Mäßigkeit	Jesod – Tiphareth
Der Eremit	Tiphareth – Chesed
Die Gerechtigkeit	Tiphareth – Geburah
Der Gehängte	Hod – Geburah
Das Rad des Schicksals	Netzach – Chesed
Die Kraft	Geburah – Chesed
Der Wagen	Geburah – Binah
Die Liebenden	Tiphareth – Binah
Der Hierophant	Chesed – Chokmah
Die Herrscherin	Binah – Chokmah
Die Hohepriesterin	Tiphareth – Kether
Der Magier	Binah – Kether
Der Narr	Chokmah – Kether

Die Symbolik des Großen Arkanums im Tarot

Die Welt wird von den Okkultisten gewöhnlich als wichtigste Pforte zum Unbewußten angesehen. Auf der Karte ist eine nackte, tanzende Gestalt in einem Ährenkranz zu sehen, und sie wird bezeichnenderweise mit der Sage der griechischen Göttin Persephone und ihrem Abstieg in die Unterwelt in Verbindung gebracht. Da Persephone in der Unterwelt als Königin der Nacht und der Toten herrscht, erinnert sie auch an die mondhafte Sphäre Jesod, zu der diese Karte führt.

Wie Persephone im griechischen Mythos für den Tod und das Leben steht (für den ganzen Kreislauf des Weizens von der Aussaat bis zur Ernte), läßt sich in der Karte *Das Gericht* ebenfalls das Motiv der Wiedergeburt finden. Im *Rider-Tarot*, das A. E. Waite mitentworfen hat, sind auf der Karte Gestalten zu sehen, die sich aus ihren Särgen erheben und die Arme in die Luft strecken. Eine der Entsprechungen auf diesem Pfad ist Hephaistos, der Schmied der griechischen Sage, der an die sibirische Gottheit erinnert, die den Kandidaten, die sich in Trance befinden, eine neue Persönlichkeit schmiedet.

Der Mond spiegelt die Symbolik des mondhaften Jesod, und die Karte wird von der Mondsichel beherrscht. Zwei Hunde bellen sie an, der eine domestiziert, der andere wild. Der Hund ist der Mondgöttin Hekate heilig, die in engem Zusammenhang mit Persephone in ihrem Todesaspekt steht. Die Karte symbolisiert die Prinzipien der geistigen Evolution. Diese Bedeutung wird von einem Krebs unterstrichen, der aus dem Gewässer emportaucht.

In der Magie wird das Wasser dem Fließen, dem Wechsel der Bilder in den *niederen*, weniger transzendentalen Regionen der Trance gleichgesetzt.

Die Sonne spiegelt in gewissem Grade das Licht von Tiphareth, bei der es sich um eine höhere Sphäre auf dem Baum des Lebens handelt. Zwei nackte Kinder halten sich im Vordergrund an den Händen und tanzen, sind jedoch durch eine Mauer vom kosmischen Berg in der Ferne getrennt. Im Himmel strahlt eine leuchtende Sonne. Die Kinder sind okkult gesehen noch am Anfang der inneren Reise, und noch gibt es Mauern, die den Zugang zu heiligeren Regionen des Baumes versperren.

Der Stern gehört wie der Mond einem stark lunaren Bereich an und ist vor allem vom Wasser beeinflußt. Die nackte Frau kniet im Fluß und wird mit Liebe und Intuition in Verbindung gebracht, die wiederum zur

Venus gehören, die im System der Entsprechungen mit Netzach verknüpft ist. Die Frau auf der Karte *Der Stern* stellt den Energiefluß dar, der aus heiliger, erhabener Quelle den Baum hinabströmt. Sie hat zwei Krüge in den Händen, einen goldenen (die Sonne) und einen silbernen (der Mond). Sie greift hinauf zu einem goldenen Stern am Himmel und gibt seine Lebensenergie weiter an die Welt unter ihr.

Der Turm verdichtet die vorausgegangenen Erfahrungen. Er verknüpft auf dem Baum Hod und Netzach miteinander, vereinigt den Intellekt und das rationale Denken, das Hod zugeordnet ist, mit dem intuitiven, subjektiven Charakter von Netzach. Die Symbolik der Karte enthält viele Hinweise. Der Turm reicht direkt bis zu Kether hinauf, das heißt, er umfaßt das gesamte Universum. Ein Blitz fährt in seine höchsten Zinnen, was ihn zum Einsturz bringt, und menschliche Gestalten fallen in den Tod. *Der Turm* erinnert daran, daß bei den Wegbahnungen im Innern Demut erforderlich ist, und ist zugleich ein Sinnbild des menschlichen Körpers. Nach Gareth Knight kann ein Einströmen der göttlichen Energie aus den höheren Bereichen des Baumes von vernichtender Wirkung auf den Magier sein, dessen Persönlichkeit nicht im Gleichgewicht ist und auf festem Grund steht.[16] Indische Yogis betonen ebenfalls, daß der Körper durch Hatha-Yoga-Übungen gereinigt und gestärkt werden muß, bevor die Kundalini-Energie im Innern erweckt werden kann.

Dann folgen zwei Karten, die vom klassischen Schamanismus aus gesehen das Motiv von Tod und Wiedergeburt zeigen.

Der Teufel: In den meisten Fassungen des Tarot zeigt die Karte einen Mann und eine Frau in Ketten zu Füßen eines hermaphroditischen Teufels. Er hat

Bockshörner, die Bestialität und Finsternis versinnbildlichen. Auf seiner Stirn zeigt sich ein umgekehrtes Pentagramm, das eine Bewegung fort von der Transzendenz anschaulich macht. Für den Magier der Trance steht der Teufel vor allem für die letzten Spuren eines rein materialistischen Standpunkts. Die Finsternis wird sich bald in das Licht von Tiphareth umwandeln, und das Reich des Teufels wird als Fallgrube verstanden, die vorherzusehen war und illusorischer Natur ist, vergleichbar den Prüfungen, die der Schamane bestehen muß, wenn er die oberen Götter erreichen will.

Der Tod ist ganz ähnlich ein Symbol der Umwandlung. Ein Skelett schwingt eine Sense inmitten seiner Ernte an Menschenköpfen und zerstörten Körpern. Hinter ihm ist allerdings ein Fluß zu sehen, der in die Sonne strömt. Okkultisten sehen das als einen Hinweis auf die Reinheit an. Der Tod schneidet alles Begrenzende des erdgebundenen Magiers ab und läßt ihn in geläuterter geistiger Form in den Bereich der *inneren Sonne* ziehen. Der Okkultist stellt sich ganz real einem Prozeß des Todes und der Umwandlung, der sich mit den Motiven von Zerstörung und Wiedergeburt vergleichen läßt, die so typisch für den sibirischen und australischen Schamanismus sind. Bei dem Vorgang handelt es sich um eine Initiation, denn *Der Tod* und *Der Teufel* führen zu Tiphareth. Die mythologischen Entsprechungen zum Baum des Lebens verknüpfen Tiphareth mit wiedergeborenen Lichtgöttern wie Osiris, Christus und Helios-Apollo-Dionysos, wobei diese Gottheiten gewissermaßen Gottmenschen sind, Vermittler zwischen der unendlichen Gottheit und dem Menschen.

Auf dem Baum stellt *Die Mäßigkeit* den Pfad des Tarot dar, der auf der Säule der Mitte (der zentralen

Achse) zu Tiphareth führt, und die schamanische Offenbarung drückt sich in dieser Karte besonders deutlich aus. So wie der künftige Schamane magisch wieder zusammengesetzt wird, steht der Engel (gewöhnlich mit Raphael gleichgesetzt) in der Mitte vor einem Kessel, in dem sich eine Mischung aller Bestandteile des Menschen befindet. Der Engel versinnbildlicht das entstehende Gleichgewicht und die Harmonie, denn seine Hände gießen Wasser und Feuer aus, während zu seinen Füßen ein Löwe (Erde) und ein Adler (Luft) ruhen. *Die Mäßigkeit* ist eine besonders wichtige Karte, weil sie zur Mitte des Baumes des Lebens führt und so im Zentrum des magischen Prozesses steht. Der Pfad des Tau, der Pfeil des Schützen, der Malkuth und Jesod verbindet, geht ihr voran und verleiht ihr einen besonderen Impuls. Dieser Pfad wird häufig mit dem ekstatischen Vorgang des Aufsteigens durch die Ebenen gleichgesetzt, der oben erwähnt wurde. Mythologisch wird Tiphareth als identisch mit der Sphäre des Bewußtseins angesehen, die zum geistigen Gottmenschen gehört, der mit im Zentrum der kabbalistischen Magie steht.

Nach Tiphareth führen zwei Pfade den Baum hinauf, die den Prozeß der Selbstprüfung versinnbildlichen. Sie lassen alles Ichbezogene schwächer werden, damit sich das Bewußtsein auf einer umfassenderen Stufe entwickeln kann.

Der Eremit hält seine Laterne in die Höhe, während er den magischen Berg hinansteigt, und sie steht für das innere Licht des Menschen, oder wie Eliade sagt: »das innere Feuer«. Er trägt einen Umhang, das Symbol der Namenlosigkeit, und zeigt, daß ihm innere Erfolge wichtiger sind als äußere. Sein Pfad ist mit dem astrologischen Zeichen der Jungfrau verknüpft, als

Zeichen, daß ein bestimmtes Maß an Androgynie erreicht wurde. Der Gedanke einer Verschmelzung der sexuellen Polarität im Magier scheint auch im Schamanismus eine Rolle zu spielen, wie die Anthropologin Joan Halifax unlängst feststellte.[17] Sexuelles Gleichgewicht als Zeichen der Überwindung der Gegensätze ist ein typisches Kennzeichen der Bilder des Tarot, die sich in den höheren Bereichen auf dem Baum des Lebens finden.

Die Gerechtigkeit zeigt die Göttin Venus in ihrem harten, richtenden Aspekt. Sie hält die Waagschalen und das Schwert der Gerechtigkeit in den Händen. Sie ist von einigen Okkultisten mit der ägyptischen Göttin der Wahrheit, Maat, verglichen worden, die im Totengericht des Osiris das Herz eines Verstorben gegen eine Feder aufwog. Gareth Knight setzt diese Karte mit »rücksichtsloser Offenheit, beträchtlichem Scharfblick, einigem Mut und Ausdauer sowie unermüdlichem Streben« gleich.[18]

Auf den äußeren Säulen des Baumes finden wir zwei wichtige Karten, *Der Gehängte* und *Das Rad des Schicksals.* In mittelalterlichen Spielen zeigte die erste einen Schurken, der mit dem Kopf nach unten an einem hölzernen Gerüst hing, und wurde von einigen Kritikern als Parodie auf die Kreuzigung Christi gesehen, als Beweis für den ketzerischen Inhalt des Tarot. Magisch gesehen ist wichtig, daß vom Kopf des Gehängten ein Licht ausstrahlt und daß der Gestalt das Element Wasser zugeordnet ist. Er hängt mit dem Kopf nach unten, weil er etwas widerspiegelt, weil durch ihn die magischen Energien von der Großen Mutter in Binah über den Baum nach unten vermittelt werden. Mit den Augen des Schamanen gesehen unterstreicht die Karte den Gedanken, daß die Herstellung von Verbindungen mit den höchsten göttlichen Energien nicht nur möglich, sondern von entscheidender Wichtigkeit ist, und in gewisser Weise erinnert die Karte an den Turm, weil auch sie darauf hinweist, daß der Körper des Magiers ein reines Gefäß für das Licht sein soll.

Das Rad des Schicksals, das Netzach und Chesed auf der Seite des Baumes verbindet, an deren Spitze Chokmah steht, spiegelt interessanterweise die symbolische Bedeutung von Tiphareth als Mandala. Wie Eliade zeigt, ist der Schamanismus ein Flug ins *Zentrum,* und in den Systemen des Yoga sind die Mandalas Abbilder der Gesamtheit, der Ganzheit, der Einheit. Von Tiphareth strahlen Pfade in alle Bereiche des Baumes aus – da diese Sephirah ein Symbol der Harmonie ist. *Das Rad des Schicksals* liegt ihr genau gegenüber und spiegelt einen ähnlichen Einfluß wider. Das Rad schickt Energieimpulse durch das Universum, und es ist von ägyptischen Gottheiten umgeben. Paul Foster Case will mit Hilfe okkulter Methoden festgestellt haben, daß der Tarot ägyptischen Ursprungs ist. Case schreibt: »Das Rad des Tarot verkündet das Gesetz der Hathor« und mißt so der Tatsache Bedeutung bei, daß Tarot auch als Rota (Rad) gelesen werden kann, was wiederum rückwärts gelesen Ator (Hathor) ergibt. Hathor war im ägyptischen Mythos eine der großen Muttergöttinnen.[19]

Diese Sprachspiele sind freilich fragwürdig, aber es besteht doch eine Ähnlichkeit zwischen Rad und Mandala, die beide Symbole des *Zentrums* sind.

Geburah und Chesed werden auf dem Baum durch *Die Kraft* verbunden, eine Karte, die dem Magier Festigkeit verleiht. Bezeichnenderweise zeigt die Karte eine Frau, die einem Löwen den Rachen aufsperrt.

Sie wird als Triumph der Intuition über die rohe tierische Kraft gedeutet (Venus besiegt den Löwen). Dieses Gefühl von Gleichgewicht wird später durch androgyne Bilder dargestellt und erinnert den Magier daran, daß sein Ziel vor allem in der Vereinigung mit einer neutralen *Quelle des Seins* auf der Säule der Mitte liegt, daß es um eine Harmonie geht, die weder ausschließlich positiv oder negativ, männlich oder weiblich ist.

Die Kraft befindet sich direkt unterhalb des sogenannten Abyssus, der Realitätsebene, die den Magier von den überirdischen Sephiroth trennt, von den unveränderlichen, kausalen Faktoren seines Universums. Diese erhabenen Bereiche des Baumes sind von allergrößter Bedeutung in der magischen Kosmologie.

Einige Karten auf diesen Pfaden zeigen eher beherrschende männliche oder weibliche Bilder, die sich entweder in einem fruchtbaren oder jungfräulichen Zustand befinden. Jungfräulichkeit symbolisiert für den Magier einen reinen oder geläuterten Bewußtseinszustand, verweist auf die höchste Transzendenz. Auf zwei Karten wird jedoch auch die androgyne Verschmelzung deutlich, in den Liebenden und im Narren.

Eine direkte, mit dem Archetyp des Männlichen verbundene Dualität kann in den Karten *Der Wagen* und *Der Hierophant* gesehen werden. Der Wagen führt aus Geburah, deren Sphäre mit Mars verbunden ist, heraus und steht für das Handeln. Der Gott fährt auf einem Wagen durch den Kosmos, ein passendes Bild für den Flug der Ekstase, und merzt rücksichtslos negative Formen im Universum aus, die er wie in einem Spiegel sieht. Der Hierophant ist im Gegensatz dazu eine eher statische Figur, ein festes Symbol geistiger

Autorität, die dem Bild des *barmherzigen Vaters* in Chesed entspricht, mit dem es als Pfad verbunden ist. Eine ganz ähnliche Rolle spielt *Der Herrscher* (Tiphareth – Chokmah), der auf einem Berg thront. Er blickt über das manifestierte Universum hin, dessen Schicksal er wohl in den Händen hält. Der Herrscher kann Zeus und anderen patriarchalen Gottheiten gleichgesetzt werden, doch ist er zugleich die eine Hälfte einer wichtigen Verbindung, die ihn mit *Der Herrscherin* vereint, seiner Gemahlin und Gefährtin. Die Berge, die den Herrscher umgeben, sind öd, während die Felder, in deren Mitte die prächtig gewandete Herrscherin sitzt, reich an Getreide sind. Die Herrscherin wird mit Venus, aber auch mit der griechischen Göttin Demeter und ihrer Tochter Persephone verglichen. Zu ihren Füßen ist eine Mondscheibe, und durch ihre Gefilde strömt der Fluß des Lebens. Magisch gesehen ist sie die Große Mutter (Binah).

Die fruchtbare Vereinigung von Herrscher und Herrscherin kann mythologisch als Gegensatz zu den beiden Pfaden des Tarot aufgefaßt werden, welche *Die Hohepriesterin* und *Der Magier* darstellen, die das jungfräulich Weibliche und Männliche zeigen. Aufgrund ihrer Reinheit nehmen sie im Baum eine höhere Stelle ein.

Die Hohepriesterin ist als transzendent und erhaben, kalt und unberührt dargestellt, etwa wie die römische Göttin Diana. Ihr Pfad führt wie der des Magiers zu Kether, dem höchsten Punkt des Lichts auf dem Baum, ein Bereich, der für die Okkultisten höchste Reinheit bedeutet. *Der Magier* ist eine Gestalt, welche die magische Kraft den Baum hinab vermitteln kann, und zwar mit Hilfe seiner magischen Waffen, der vier Elemente: *Schwert* (Feuer), *Stab* (Luft), *Kelch* (Wasser), und *Münze* (Erde). Er hat sich allerdings mit der ihm entgegengesetzten Hälfte noch nicht vereint, und diese Stabilisierung geschieht erst weiter unten, durch Herrscherin und Herrscher. Die Figuren des Magiers und der Hohepriesterin symbolisieren so die transzendentale Polarität von Männlich und Weiblich oberhalb des Abyssus.

In diesem Bereich zeigen schließlich zwei Karten, daß der Magier auf seinem Weg die höchste Neutralität Kethers erreicht und lernen muß, die männliche und weibliche Polarität seiner inneren Prozesse zu Einem zu verschmelzen. Dieser Vorgang findet sich auch im Yoga, wo weibliches und männliches Prinzip, Ida und Pingala, sich um die mittlere Säule Sushumna winden, in der die Kundalini-Kraft aufsteigen soll. Auf beiden Wegen gehört zum ekstatischen Flug, der über die Säule der Mitte führt, die Verschmelzung der Gegensätze. Die Karte *Die Liebenden* stellt die Zwillinge (auch im astrologischen Sinn) im Garten Eden dar und versinnbildlicht die Wiedererlangung der Unschuld, der Reinheit. Der Pfad verbindet die Mutter (Binah) mit ihrem Sohn (Tiphareth) und vereinigt auf dem Baum die lunaren und solaren Impulse. Ganz oben stellt dann *Der Narr* eine Figur dar, die für androgyn angesehen wird und die bekleidet ist, damit ihre sexuelle Eigentümlichkeit verborgen bleibt. Der Narr tritt über den Rand einer Felswand und wird in der Magie als einer angesehen, der *nichts kennt*. Dabei handelt es sich natürlich um einen symbolträchtigen Scherz, denn *nichts* ist der geheimnisvolle Bereich hinter der Manifestation in Kether, der überhaupt nicht zu fassen ist. Die höchste Wirklichkeit in der modernen schamanischen Magie ist also ein Bewußtseinszustand, der sich nicht in menschliche Bilder fassen läßt, der weder männlich noch weiblich ist und nicht mehr versinnbildlicht werden kann.

Der Aufstieg durch die Ebenen

Wie wir sahen, sind die zweiundzwanzig Pfade des Tarot auf dem Baum des Lebens für den heutigen Magier der Trance wichtig, weil sie ihm einen Rahmen schaffen, eine genau umrissene Kosmologie bieten, die es ihm wie dem Schamanen erlaubt, Ordnung und Chaos auseinanderzuhalten. Wenn sich der Magier in Trance befindet oder in der Meditation die Pfade des Tarot erkundet, treten nach der Visualisierung der Wirklichkeit der symbolischen Wege weitere Faktoren in Erscheinung.

Da die Okkultisten dem Willen große Bedeutung zuerkennen und die Trance als eine Sphäre betrachten, in der die willentliche Imagination tatsächlich zu wahrnehmbaren Ergebnissen führt, kommt es wesentlich auf die Technik des gewollten Aufstiegs von Ebene zu Ebene an. In der *Flying Roll XI* stellt Frater Deo Duce Comite Ferro (MacGregor Mathers) fest, daß willentliches Streben nach einer höheren Symbolebene auf dem Baum diese Wirkung hervorbringen kann:

Der Aufstieg durch die Ebenen ist ein spiritueller Prozeß, der auf spirituelle Ideen und höhere Ziele ausgerichtet ist. Durch die Konzentration auf das Göttliche, in seiner Kontemplation, formst du klar einen Baum des Lebens, der von dir in die geistigen Bereiche über dir und jenseits von dir führt. Stell dir vor, du stehst in Malkuth – dann strebst du mit Hilfe der göttlichen Namen und Zielsetzungen auf dem Pfad des Tau in die Höhe zu Jesod hin, wobei du die anderen Strahlen außer acht läßt, die den Weg nach oben kreuzen und dich anziehen könnten. Blicke in die Höhe zum göttlichen Licht, das von Kether auf dich herabstrahlt. Von Jesod führt der Pfad der Mäßigkeit, Samekh, in die Höhe, und der Pfeil, der sich den Weg nach oben bahnt, führt zu Tiphareth, der großen zentralen Sonne der heiligen Kraft.[20]

Diese praktische Anweisung, die ein führender Okkultist seinen Gefährten gibt, ist deutlich auf das Transzendente ausgerichtet. Die Ekstase der Vereinigung mit Tiphareth kommt zustande, weil sich der Magier vorstellt, wie ein Pfeil in eine höhere Dimension aufzusteigen. Mathers beschreibt die Technik für den Weg von Malkuth über Jesod zu Tiphareth, welcher der Säule der Mitte, der zentralen Achse im Baum des Lebens, folgt. Diese Technik stellt eine der deutlichsten Parallelen zwischen dem Schamanismus und der modernen westlichen Magie dar.

Diese Technik beinhaltet noch andere Faktoren. Die Kraftworte, die Gottesnamen, die jeder Sephirah entsprechen, stellen einen Schutz dar, bestärken den Magier in seiner schamanischen Absicht. Die willentliche Konzentration trägt nicht nur zur Bewußtseinsveränderung bei, die in die Trance führt, sondern läßt den Magier auch die Richtung erkennen, sobald er im Trancezustand zu handeln beginnt. Mathers bemerkt weiter, daß der Magier Buchstaben des hebräischen Alphabeths (die dem Großen Arkanum des Tarot zugeordnet werden) verwenden kann, welche die Visionen in der Trance intensivieren und ihre Gültigkeit erkennen lassen:

Drei Dinge bringen den Adepten bei diesen Studien in Gefahr, Irrtümern oder Illusionen zu erliegen, nämlich Erinnerung, Fantasie und das Auge. Zweifel können vermieden werden, wenn göttliche Namen und ihre Schwingungen, wenn die Buchstaben und Titel der *wandernden Herren,* der Planetenkräfte, für die die sieben Doppelbuchstaben des hebräischen Alphabeths stehen, verwendet werden.

Wenn dich die Erinnerung auf Abwege bringt, bitte den Saturn um Hilfe, den *Großen der Nacht der Zeit,* wie sein Titel im Tarot lautet.

Forme den hebräischen Buchstaben Tau in Weiß.

Wenn sich die Vision verändert oder verschwindet, hat deine Erinnerung die Arbeit verfälscht. Wenn dich die Fantasie täuscht, nimm den hebräischen Buchstaben Kaph für die Kräfte des Jupiter, der *Herr der Lebenskräfte* genannt wird. Wenn die Täuschung auf Lüge und intellektueller Unaufrichtigkeit beruht, wende dich mit Hilfe des hebräischen Buchstaben Beth an die Kraft des Merkur. Wenn die Schwierigkeiten vom schwankenden Geist ausgehen, nimm den hebräischen Buchstaben Gimel, der für den Mond steht. Wenn der Fehler in der Verlockung durch die Sinneslust liegt, dann hilf dir mit dem hebräischen Buchstaben Daleth.[21]

In der *Flying Roll IV* ist eine vollständige Trance-Vision erhalten, die im November 1892 von Soror Sapientia Sapienti Dona Data (F. Emery) und Soror Fidelis (Elaine Simpson, später die Geliebte Aleister Crowleys) festgehalten wurde. Sie ist vor allem deshalb interessant, weil in ihr deutlich wird, daß die Magierin in der Trance das Gefühl hat, den Gottheiten auf dem Baum des Lebens direkt zu begegnen. Offensichtlich haben sich christliche Elemente mit ägyptischen vermischt, und die Mutter des Grals wird als ein Aspekt der Isis angesehen. Außerdem findet sich eine rituelle Geste, die auf die (römische) Venus verweist, Zeichen für die eklektische Vermischung unterschiedlicher Kosmologien, die sich in der Praxis der modernen Magie findet:

Genommen wurde ein Trumpf des Tarot, die Herrscherin, den Personen vorgelegt und kontempliert, vergeistigt, die Farben verstärkt, die Zeichnung geläutert und idealisiert.

Daleth ausgesprochen und zum Schwingen gebracht. Dann geistig eine blaugrüne, ferne Landschaft erblickt, die an mittelalterliche Wandteppiche gemahnte. Dann das Bemühen, aufzusteigen, durch die Ebenen, ein Empordringen durch Wolken anscheinend, darauf erschien eine hellgrüne Landschaft, in ihrer Mitte ein gotischer Tempel mit gespenstischen, lichtgesäumten Umrissen. Ging hin und sah, der Tempel wurde klarer, fester, schien ein kompaktes Bauwerk. Gab die Zeichen der Stufe Netzach (wegen der Venus) und konnte eintreten. Gab auch Zeichen der Pforte und 5° = 6° Zeichen, in Gedanken.[22] Sah dem Eingang gegenüber ein Kreuz aus drei Balken, eine Taube darauf, und neben ihm führten Stufen durch einen dunklen Gang hinunter in die Finsternis. Traf dort einen schönen grünen Drachen, der sich zur Seite bewegte, nicht gefährlich war, und die Geistervision dauerte an. Lief um eine Ecke, weiter durch die Finsternis, kam aus dem Dunkel auf eine strahlend weiße Marmorterrasse, dahinter ein Garten mit Blumen, die Blätter ein zartes Grün, ihr Unterseite weiß und samtig. Hier erschien eine erhabene Frau in grünem Gewand mit juwelenbesetztem Gürtel eine Sternenkrone auf dem Haupt, in der Hand ein Goldzepter, an einem Ende eine glänzend weiße, geschlossene Lotusblüte, in der Linken einen Reichsapfel mit dem Kreuz darauf.

Sie lächelte stolz, und als der Menschengeist sie nach dem Namen fragte, sprach sie:

»Ich bin die große Mutter Isis. Ich bin die Mächtigste der Welt, kämpfe nie und bin doch immer siegreich. Ich bin das Dornröschen, die schlafende Schöne, nach der die Männer aller Zeiten suchen, und die Pfade, die zu meinem Schloß führen, sind voller Gefahren und Täuschungen. Wer mich nicht findet, schläft – oder eilt ewig der Fata Morgana nach, die alle in die Irre führt, die dem täuschenden Einfluß erliegen –, ich bin in die Höhe erhoben und ziehe die Menschen an, ich bin die Sehnsucht der Welt, doch wird es nur wenige geben, die mich finden. Wenn mein Geheimnis offenbart ist, wird es das Geheimnis des heiligen Grals sein.«

Bat, dieses zu offenbaren, und sie erwiderte:

»Komm mit, kleide dich aber erst in weiße Gewänder, leg deine Insignien an und folge mir mit bloßen Füßen, wohin ich dich führe.«

Schließlich eine Marmorwand erreicht, eine verborgene Feder gedrückt und einen kleinen Raum betreten, in dem der Geist durch dichten Nebel in die Höhe zu steigen schien, auf einen kleinen Turm des Bauwerks gelangt. Nahm etwas in der Mitte des Gebäudes wahr, durfte nicht hinsehen, bis nicht die Erlaubnis gegeben war. Reckte die Arme, neigte den Kopf vor der Sonne, die als goldene Kugel im Osten aufging. Wandte mich um, kniete nieder, das Gesicht zu Mitte, erhielt Erlaubnis, die Augen zu heben, und erblickte einen Kelch mit einem Herzen, von der Sonne beschienen. Im Kelch schien eine durchsichtige rubinrote Flüssigkeit zu sein. Dann sprach die Herrin Venus: »Das ist die Liebe; ich habe mein Herz aus der Brust gepflückt und es der Welt gegeben, das ist meine Stärke. Liebe ist die Mutter des Menschen-Gottes, und sie gibt die Quintessenz ihres Lebens hin, um die Menschheit vor der Vernichtung zu bewahren und den Weg zum ewigen Leben zu zeigen. Die Liebe ist die Mutter des Christusgeistes, und dieser Christus ist die höchste Liebe – Christus ist das Herz der Liebe, das Herz der großen Mutter Isis – der Isis der Natur. In ihm äußert sich ihre Kraft – sie ist der heilige Gral, und er ist der Lebenssaft des Geistes, hier in diesem Kelch.«

Danach gehört, daß die Hoffnung der Menschen darin liegt, ihrem Beispiel zu folgen. Und wir gaben feierlich dem Gral unsere Herzen in Obhut. Wir schmeckten dann nicht den Tod, wie unsere menschliche Vorstellung es erwartet hatte, sondern wurden von höchstem Mut, größter Kraft erfüllt, denn unsere Herzen waren von nun an verbunden mit ihrem Herzen – der stärksten Kraft der ganzen Welt.

Wir gingen also froh, weil wir gelernt hatten: Wer sein Leben hingibt, der wird es erwerben. Denn die Liebe, die Kraft ist, wird ihnen gegeben – die alles für die anderen hingegeben haben.[23]

Austin Osman Spare: Die Zeit der Wirklichkeit

5

Neue Strömungen:
Vom Wiederaufstieg des
Atavistischen zum Inneren Licht

Seit den Tagen des Golden Dawn haben einige Okkultisten Wege entwickelt, die durch Trance und aktive Imagination zur Magie führen und die in mancherlei Hinsicht den Techniken des traditionellen Schamanismus ähneln. Da die Magie Bilder aus dem tiefen, mythischen Schatz des Unbewußten belebt, ist nicht verwunderlich, daß die neuen Wege, die ins Trancebewußtsein führen, Begegnungen mit speziellen Archetypen der westlichen Götterwelten bewirkten: mit dem Weisen (Merlin), dem allumfassenden Weiblichen (Aphrodite), Diana, Pan, Abraxas und so weiter. Die heutigen *Magier des inneren Raums* haben Wege entwickelt, die sich mit den psychotherapeutischen Techniken von Caslant, Desoille und anderen vergleichen lassen und die den Willen mit dem Vorstellungsvermögen vereinigen, damit neue Bereiche der anderen Wirklichkeiten zugänglich werden.

Austin Osman Spare:
der Wiederaufstieg des Atavistischen

Als sich kurz vor dem Ersten Weltkrieg der Orden des Golden Dawn zu spalten und aufzulösen begann, trat mit Austin Osman Spare (1888–1956) ein einzigartiges System der Magie in Erscheinung. Er gehörte einige Zeit Aleister Crowleys Gruppe des Argenteum Astrum an.[1] Spare war ein begabter Illustrator und zugleich ein Okkultist, der spontan in Trance fallen konnte. Er widmete sich dem automatischen Zeichnen, stellte ein Alphabeth aus magischen Sigillen zusammen und entwarf eine Kosmologie, deren Struktur und Technik ganz schamanisch ist. Er sprach von einem allumfassenden Urquell des Seins, den er *Kia* nannte, und sah im menschlichen Körper *(Zos)* das Gefäß, in dem sich die spirituellen und okkulten Energien des Unbewußten manifestieren konnten. Spare hielt die Ebene des Unbewußten für den ›Inbegriff aller Erfahrung und Weisheit, vergangener Inkarnationen als Mensch, Tier, Vogel, Pflanze … von allem, was existiert, was es je gab und künftig geben wird.‹[2]

Die Technik, mit der er diese Urbilder heraufrief, und die er ›Wiederaufstieg des Atavistischen‹ nannte, bediente sich des Willens, der sich auf Sigillen oder Symbole konzentrierte, die er entwickelt hatte, um dem Unbewußten Anweisungen zu übermitteln. Spare verdichtete eine Anweisung wie zum Beispiel: ›Es ist mein Wunsch, die Stärke eines Tigers zu erlangen‹, zu einem einzigen graphischen Zeichen, auf das er seine Willenskraft konzentrierte. Die Wirkung war gewaltig: ›Er spürte fast sofort eine Reaktion im Innern. Eine ungeheure Energie wallte auf und fegte durch seinen Körper. Einen Augenblick kam er sich wie ein junger

Baum vor, den ein mächtiger Wind beugt. Er strengte seinen Willen an und hielt stand, leitete die Kraft in ihr eigentliches Ziel.‹[3]

Spare bereiste während des Ersten Weltkriegs Ägypten und war von der fesselnden Präsenz der klassischen Götter beeindruckt, die in den Monumentalskulpturen dargestellt waren. Er sah in den alten Ägyptern ein Volk, das die komplexe Mythologie des Unbewußten vollkommen verstanden hatte:

> Sie versinnbildlichten dieses Wissen in einem großen Symbol, der Sphinx, im Bild des Menschen, der sich aus dem Tier heraus entfaltet. Ihre zahlreichen Götter, alle zum Teil Tier, Vogel, Fisch ... zeigen, wie umfassend dieses Wissen war ... Die Kosmogonie ihrer Götter ist ein Beweis, daß sie die Abfolge der Evolution kannten, ihre komplexen Vorgänge, die von dem einen einfachen Organismus ausgingen.

Spare war der Ansicht, daß die Eindrücke früherer Inkarnationen und alle mythischen Kräfte aus dem Unbewußten wiedererweckt werden konnten. Die Götter selbst konnten als eine Art innerer Impuls aufgefaßt werden. Er schrieb: ›Alle Götter haben auf der Erde gelebt (wir selbst), und wenn sie tot sind, lenkt ihre karmische Erfahrung in gewissem Grade unser Tun.‹[4]

Spare lernte seine Technik, den Wiederaufstieg des Atavistischen, die Aktivierung in der Trance, von einer Hexe, Mrs. Paterson, die behauptete, in parapsychischer Verbindung mit den Hexen des Salemer Kults zu sein. Spare schuf dann im Trancezustand auch automatische Zeichnungen, und zwar mit Hilfe eines Mediums, eines okkulten Wesens, das Black Eagle genannt wurde und die Gestalt eines amerikanischen Indianers annahm. Spare behauptete, ihn mehrmals gesehen zu haben, und lebte überhaupt in einer Wahrnehmungswelt, in der sich Alltägliches mit den Bildern der Trance und auch mit Halluzinationen mischte. Einmal fuhr Spare zum Beispiel mit einem Doppeldeckerbus und sah sich von imaginären Fahrgästen umgeben – einer Gruppe von Hexen, die zu ihrem Sabbat unterwegs waren!

Daß ihn die alternde Mrs. Paterson anzog, war seltsam, aber doch verständlich. Nach Spare konnte sie sich in seiner Vision von einer verhutzelten Alten plötzlich in eine entzückende Sirene verwandeln.[5] Und für Spare stellte das allumfassende Weibliche das zentrale Bild seiner Mythologie des Unbewußten dar. In seinem magischen Kredo, im *Book of Pleasure* stellte er fest:

> Sie kann nicht auf eine bestimmte Göttin wie Astarte, Isis, Kybele, Kali, Nuit eingeengt werden, denn jede dieser Einengungen führt vom Pfad ab, führt zur Idealisierung einer Vorstellung, die als solche falsch ist, da sie unvollständig und unwirklich, weil zeitlich ist.[6]

Spare bediente sich wie der klassische Schamane einer Ekstasetechnik, die in seinem Fall die aktive Imagination und den Willen mit dem Höhepunkt des sexuellen Orgasmus verband. Das Sigill, das den Akt des bewußten Willens verkörperte, konnte nach Ansicht von Spare wie ein Samenkorn während solcher Ekstasen ins Unbewußte eingepflanzt werden, weil sich in diesem besonderen Moment persönliches Ich und allumfassender Geist vereinigten. Der Magier schrieb: ›In diesem Moment, dem Augenblick der Erschaffung des Großen Wunsches, fließt die Inspiration aus der Quelle der Sexualität, aus der Urgöttin, die im Kern der Materie ist ... die Inspiration geschieht immer in einem Moment der *Leere*.‹[7]

In einigen Illustrationen stellt Spare die göttliche Jungfrau dar, die den Künstler in das Labyrinth der magischen Welt führt. Eine seiner wichtigsten Arbeiten, *Der Aufstieg des Ich von Ekstase zu Ekstase*, zeigt die Göttin, die Spare willkommen heißt, dessen Kopf Flügel trägt. Spares Ich oder Persönlichkeit verschmilzt mit einer früheren Tierinkarnation, und die beiden Gestalten transzendieren sich gegenseitig in einen Urtotenschädel. Spare glaubte ganz sicher, daß er seine vergangenen Inkarnationen bis in die allumfassende Einheit der Schöpfung zurückverfolgen könne, die er in seiner Kosmologie *Kia* nannte. Nach Kenneth Grant hat Austin Spare seine Formel des Wiederaufstiegs des Atavistischen von Mrs. Paterson übernommen:

Sie visualisierte gewisse Tierformen – die Sprache des Unterbewußtseins besteht aus Bildern, nicht aus Worten –, und jede Form stand für die entsprechende Kraft der verborgenen Welt der Ursachen. Es mußte nur das richtige Sigill in gebührender Weise *eingepflanzt* werden, und seine Entsprechung in der Psyche war geweckt. Sie stieg dann wieder aus der Tiefe auf, manchmal in jener Tiermaske, und tat, was der Zauberer ihr gebot.[8]

Spare setzte die Trance vor allem deshalb ein, weil er Energien erschließen wollte, die seiner Ansicht nach die Quelle waren, aus denen sich das Genie nährt. Er meinte: ›Ekstase, Inspiration, Intuition und Traum ... jeder dieser Zustände erschließt die verborgenen Erinnerungen und führt sie in den Bildern ihrer jeweiligen Sprache vor.‹[9] Genialität ist nichts als ›ein direkt aufsteigenderAtavismus‹, der während der Ekstase der Feuerschlange oder Kundalini (das heißt in der sexuellen Erregung) erlebt wird.

Trotz des transzendenten Ziels, ›das Feuer aus dem Himmel zu rauben‹, geriet Spare in seiner rückwärts gewandten Erkundung der Bilder des Unbewußten in dunkle und manchmal unergründliche Räume. Gelegentlich schien er sich durch eine niedere Ebene irdischen Karmas zu kämpfen, und viele seiner Visionen waren äußerst negativ. Einmal stürzte er in ›einen phosphoreszierenden Morast, voller ruheloser Fehlgeburten der Menschheit, voller Geschöpfe – sich windendes, schlammiges Gewürm, blind und ziellos: ein riesiger Sumpf der Unzufriedenheit.‹[10] Auf einer anderen Reise ins Innere gelangte er in ›eine endlose Ruine von Städten. Die Straßen waren ein Trümmerchaos – in der Luft der schwere, dumpfe Geruch nach feuchtem verkohltem Holz ... der Himmel tot und windstill.‹[11]

Spare war für seine kunstvollen Illustrationen schon in jungen Jahren von Augustus John, George Bernard Shaw und John Sargent gelobt worden, und seine besten Arbeiten sind die Illustrationen zu seinem magischen Grimoire *The Book of Pleasure,* das 1913 veröffentlicht wurde, als der Künstler erst fünfundzwanzig war. Die Beschäftigung mit der Trance-Sexualität und den Ursprüngen der Hexerei ließen ihn wiederholt in einen Sumpf atavistischer Bilder versinken, was seine künstlerische Vision zunehmend entstellte. Vielleicht hatte er in seinem Unbewußten so viele mythische Kräfte freigesetzt, daß er nicht alle umsetzen konnte. Letztlich wurde Spare von seiner Kosmologie überschwemmt, und sein Werk trägt Züge des Chaotischen, die kaum etwas mit seiner ursprünglichen magischen Absicht zu tun haben.

Immerhin hat Spare den modernen visionären Ansatz mit vorbereitet. Die Okkultisten, die mit den Techniken der Wegbahnung und aktiven Imagination arbeiten, haben sich in letzter Zeit merklich zurückgehalten. Spare hatte die Neigung, sich den Göttern seines Unbewußten zu überlassen, während die heutigen Magier lieber symbolische Wegweiser errichten, die eine gewisse Ordnung in die innere Reise bringen.

Edwin Steinbrecher: die *Guide Meditation*

In den letzten Jahren ist ein System der behutsamen, aber doch sehr wirkungsvollen Fühlungnahme mit den *inneren Göttern* entwickelt worden, und zwar von Edwin Steinbrecher, der der DOME Foundation in Santa Fé angehört, einer Organisation, deren Name eine Abkürzung des lateinischen *Dei Omnes Munda Edunt* ist: Alle Götter bringen die Welten hervor. Steinbrecher setzt bei Jungs Auffassung an, die sich im *Mysterium Coniunctionis* findet, daß innere geistige Bilder zum Leben erweckt werden können, wenn sich die Aufmerksamkeit auf sie konzentriert. Die *Guide Meditation,* eine Meditation mit Führer, bezieht sowohl die Symbole des Tarot, ›die Bilder in uns allen entsprechen, welche Wirklichkeit schaffen‹, wie auch die Astrologie mit ein, ›die uns eine Landkarte der inneren und äußeren Welten bereitstellt‹, doch das

Wichtigste in diesem System ist der Kontakt mit einem *inneren Führer,* der sich mit dem Verbündeten des Schamanen vergleichen läßt. 1969 machte Steinbrecher in Los Angeles eine Jungsche Analyse, die auch die aktive Imagination und das Wiederbearbeiten und Vollenden unfertiger Träume mit einschloß. Er hatte *Das Geheimnis der Goldenen Blüte* gelesen und kam zu dem Schluß, das Geheimnis bestehe darin, die geistige Energie genau durch die Kanäle zurückzubringen, durch die sie sich ursprünglich manifestierte. So setzte er seine Erfahrenheit in der aktiven Imagination ein, um bestimmte Bilder in sein Bewußtsein heraufzurufen:

Ich versuchte es dadurch, daß ich mir in meiner Vorstellung eine Treppe erfand, die mich im Innern zu jenen archetypischen Bildern führen würde, die ich aufsuchen wollte. Und es gelang! Ich kam unten an meiner Treppe in einen Raum, dachte an die Hohepriesterin, und da war sie, eine lebendige Präsenz in dieser inneren Welt, anders als das Bild der Tarotkarte, aber ohne jeden Zweifel die Hohepriesterin als eine Wirklichkeit in mir.[12]

Steinbrecher ging von diesem ersten Versuch aus weiter und begann, andere Archetypen der Mythologie des Tarot zu rufen, hatte jedoch ein erschreckendes Erlebnis mit dem fünfzehnten Trumpf, dem Teufel, der ihm den Weg verlegte und ihm einige Zeit drohend gegenüberstand, bis er durch einen nicht nachlassenden Willensakt überwunden war. Nach dieser unseligen Begegnung beschloß Steinbrecher, sich nur noch mit einem geeigneten Führer auf die innere Reise zu wagen.

Günstig für die DOME-Meditation ist eine entspannte sitzende Körperhaltung, wobei der Rücken aufrecht ist und beide Füße mit den Sohlen den Boden berühren. Die Hände ruhen mit den Handflächen nach oben auf den Schenkeln, und die Augen sind geschlossen. Der Meditierende stellt sich vor, daß er eine Höhle betritt, und versucht durch einen Willensakt zu fühlen, ob sie feucht oder trocken, dunkel oder hell ist. Steinbrecher besteht darauf, daß der Meditierende sich bewußt weiter in seinem Körper fühlt und nicht ein Bild seines Körpers von außen betrachtet. In dieser Hinsicht ist die Methode mit dem Schamanismus und der Magie verwandt, die ja auch das Wahrnehmungsbewußtsein hin zu einem Ereignis auf einer inneren Ebene verlagern. Steinbrecher findet es wie der Schamane nützlich, nach einem Tierverbündeten zu rufen, der den Meditierenden dann zum geeigneten Führer bringt. Oft tauchten Rehe, Löwen, Hunde und Katzen auf, die Steinbrecher zum Führer brachten, der seiner Erfahrung nach anfänglich immer in männlicher Gestalt auftrat.

Steinbrecher warnt vor falschen Führern, glaubt aber, daß sie zu erkennen sind, wenn man sie bittet, dorthin zu zeigen, ›wo die Sonne am Himmel der inneren Welt ist‹. ›Ein falscher Führer‹, schreibt er, ›wird sich im allgemeinen weigern und versuchen, das Thema zu wechseln, die Aufmerksamkeit irgendwie abzulenken, wird ausweichen oder schlicht verschwinden.‹[13]

Wie Spare sieht Steinbrecher in den Führern Wesen, die früher auf der Erde lebten, sich jetzt auf einer geistigen Ebene befinden und ›die vergessenen Lehrer der Menschheit‹ sind. Während sich Spare in einer Gegenrichtung zum Evolutionsprozeß bewegen wollte, um den Ursprung des Bewußtseins zurück durch die Zeit bis in seine absolute Quelle zu verfolgen, legt die Methode Steinbrechers nahe, sich auf eine transzendente innere Sonne zu konzentrieren, auf den ›Archetypen des Selbst, das innere Zentrum des Lebens‹, und sie zu rufen. Das eigentlich Ziel ist, ›die spirituelle Kraft wieder in den einzelnen Menschen zu setzen ... an ihren wahren und heiligen Ort.‹[14]

Steinbrecher sieht die *Guide Meditation* eigentlich als Reihe von Begegnungen mit den archetypischen Göttern, und der Okkultist muß wie der Schamane jeden Aspekt dieser Situation meistern. Steinbrecher merkt an, daß die Führer nicht unbedingt von sich aus etwas sagen, daß sie besonders aufgefordert werden müssen. So müssen auch alle archetypischen Wesen um Antworten gebeten werden, wenn ihr Verhalten ausweichend ist.

Steinbrecher ging die Archetypen des Tarot der Reihe nach durch und machte die wichtige Beobachtung, daß die inneren Gottesbilder in der Lage sind, magische Kräfte zu gewähren, so wie der Schamane einen Kraftgegenstand wie einen Quarzkristall oder in der Initiation ein heiliges Lied erhalten mag. Das Große Arkanum des Tarot stellt so gesehen mindestens zweiundzwanzig symbolische Gaben oder Kräfte direkt zur Verfügung, die als Objekt im ganzen Körper verteilt sein mögen. In der Mitte der Stirn mag sich ein Kristall befinden, im Herzen ein Apfel, ein grüner Holzstab in der rechten Hand, am Hals Perlen. Diese Geschenke müssen in der äußeren, materiellen Welt eingesetzt werden:

Wenn dir die Herrscherin des Tarot einen Kupferstab mit den Worten gab, daß er Heilkraft habe, denke an eine kranke Pflanze in deiner Umgebung und bitte den Führer, sie dorthin zu bringen, wo du und die Herrscherin sich im Reich des Innern aufhalten. Bitte sie, dir zu zeigen, wie die Pflanze mit dem Stab geheilt werden kann und befolge ihre Anweisungen ... diese Mittel sollen in unserem Alltagsleben und nicht nur auf den Ebenen des Innern eingesetzt werden.[15]

Im System der *Guide Meditation* werden Astrologie und Tarot verbunden, um die beherrschenden und die miteinander in Konflikt stehenden Archetypen des Selbst zu erkennen, damit der Prozeß der Begegnungen zu einer Art Therapie wird. Nur als Beispiel: Widder entspricht dem Herrscher, Merkur dem Magier, Venus der Herrscherin, Zwilling den Liebenden und Wassermann dem Stern. Nach Steinbrecher können wir aus einem Horoskop ersehen, wo Bereiche mit hohen Energien liegen, nämlich überall dort, wo wir Quadrate und Oppositionen finden, dazu Tierkreisabschnitte, die in Spannung zueinander stehen. Wir erkennen die harmonieschaffenden Kräfte in den Konjunktionen, Sextilen, Trigonen und Quincunxen. Das Sonnenzeichen und der Herrscher des Aszendenten zeigen die wesentlichen Archetypen. Das Horoskop ist also eine Landkarte, ein symbolischer Führer in den individuellen Kosmos jedes Meditierenden.

Schließlich bemüht sich die *Guide Meditation* um dieselbe Harmonisierung durch eine Art innerer Wiedergeburt, wie wir sie aus den Initiationen des Schamanismus und der kabbalistischen Magie kennen. Das Ziel ist die Ganzwerdung des Selbst, ein erweiterter Horizont. Steinbrecher schreibt:

Die Wahrnehmung der äußeren Welt wird schärfer, und die Welt ist buchstäblich *neu.* Die schöpferische Energie steigt auf aus dem Innern, und das Wissen um die *Einheit* mit allem wird zur gelebten Wirklichkeit.[16]

Die Tradition des *Inner Light*

Bevor Dion Fortune die *Fraternity of the Inner Light* 1922 in London gründete, hatte sie dem Golden Dawn wie der Theosophischen Gesellschaft angehört. Sie war fasziniert von symbolischen Polaritäten, wie sie sich vor allem in den schwarzen und weißen Formen der Isis und auch in den Göttinnen anderer Kulturkreise zeigen, und so entwickelte sie ein feines Gefühl für die Mythologie des Innern, die der Magie zugrunde liegt. Ihre beiden Romane *The Sea Priestess* und *Moon Magic* enthalten lange Auszüge von einem vollständigen Ritual der Isis, aus einem höchst beziehungsreichen Traktat zu Ehren der universalen Göttin:

> Wer die Isis der Natur anbetet, verehrt sie als Hathor mit den Hörnern auf der Stirn, doch wer die himmlische Isis verehrt, kennt sie als Mond, als Levanah. Sie ist auch die große Tiefe, aus der das Leben entstand. Sie ist alles Alte und Vergessene, worin wir wurzeln. Auf der Erde ist sie die ewig Fruchtbare, im Himmel ist sie die ewig Jungfräuliche. Sie ist die Herrin der Gezeiten, die fluten und verebben und fluten und nie enden.

Dion Fortune hatte das starke Verlangen, die auf das Männliche, Sonnenhafte ausgerichtete Tradition des

Rituals im Golden Dawn umzustellen und nahm die magische Kraft des weiblichen Prinzips in ihre Anrufung auf:

In den Himmeln ist unsere Liebe Frau Isis der Mond, und die Kräfte des Mondes sind die ihren. Sie ist auch die Priesterin des silbernen Sterns, der aus dem Meer des Zwielichts aufsteigt. Die magnetischen Mondgezeiten, die Macht haben über die Menschenherzen, sind ihr Teil.
Im Innern ist sie allmächtig. Das Reich des Schlafs hat sie zur Königin. Alles sichtbare Wirken kommt von ihr, und sie herrscht schon über alles, bevor es noch geboren ist. So wie durch ihren Gatten Osiris die Erde sich begrünt, so empfängt der Menschengeist durch ihre Kraft.

Dion Fortune studierte die Psychoanalyse an der Londoner Universität und wurde 1918 Laienpsychoanalytikerin. Sie war stark von den Theorien Adlers, Freuds und Jungs beeinflußt. Sie entdeckte vor allem durch das Denken Jungs die Zusammenhänge zwischen den Archetypen des Unbewußten und den bestimmenden mythologischen Bildern, die von den Okkultisten durch die Rituale und Wegbahnungen im Innern heraufgerufen wurden.

Die Fraternity of the Inner Light entwickelte die experimentelle Arbeit über meditative und magische Reisen weiter, die im Golden Dawn erkundet worden waren. Ein wichtiger Aufsatz mit dem Titel *The Old Religion*, den ein Mitglied von Dion Fortunes Gruppe schrieb, zeigt, daß die Anhänger des Inner Light glaubten, Wegbahnungen mit Hilfe der Bildwelt des Unbewußten könnten Eindrücke aus vergangenen Inkarnationen heraufrufen (›Erinnerungen an alte Kulte‹).[17] Der Archetyp der Großen Mutter wurde von der Meditationsgruppe als anthropomorphische Darstellung des *Weltgedächtnisses* aufgefaßt, ein Gedanke, der sich auch in der Theosophie und ihrer Akasha-Chronik findet. Der Magier des Inner Light nahm an, daß die Große Mutter mit Hilfe des äußeren, universalen Gedächtnisses verschiedene Aspekte früherer Leben auf der Erde offenbaren konnte. Der Verfasser des Aufsatzes schreibt:

> Die meisten Mitglieder dieser Gruppen haben in der Vergangenheit an den Altären heidnischer Religionen gedient und die leuchtenden Wesen der Wälder und Berge, der Seen und Meere von Angesicht zu Angesicht gesehen … Im Verlauf der Experimente zeigte sich, daß jedes Mitglied der Gruppe, das in der Vergangenheit in einer Epoche mit einem bestimmten Kult in Berührung gewesen war, diese Erinnerungen an die anderen weitergeben konnte, sie an kultische Erinnerungen anschloß, die noch in den Erderinnerungen an Isis als Herrin der Natur enthalten sind.[18]

Wie im traditionellen Schamanismus war das mythische Reich durch ein Tor zu erreichen, das in die Unterwelt führte. Hier übernahm das Inner Light die Vorstellung vom kumäischen Tor aus der römischen Sage, das in der Nähe von Neapel lag und von der Sibylle bewacht wurde, die dort auch dem Apollotempel vorstand. Durch dieses Tor schritt auch Äneas, nachdem er das Symbol des Labyrinths auf ihm entziffert hatte. Wie ein Schamane versuchte Äneas seine Reise durch die mythische Welt dadurch sicher zu machen, daß er sich einen Kraftgegenstand verschaffte, den goldenen Zweig, der Proserpina als Geschenk dargebracht werden mußte. Er begegnete auch bösen Geistern, übernatürlichen Ungeheuern und unter den Toten früheren Gefährten. Als er seinen Vater Anchises wieder gesehen hatte, wurde ihm die *große Vision* zuteil, ein Ausblick auf die vergangene und zukünftige Geschichte Roms, auf die verborgenen Geheimnisse des Universums. Wie der umgewandelte Schamane kehrte auch Äneas als neuer Mensch von seiner mythischen Reise zurück, fester im Glauben und in seinen inneren Überzeugungen.

Den Aspekt des Schamanischen einmal beiseite gelassen, fällt auf, daß die Gruppe des Inner Light sehr ähnlich wie Austin Spare die Rolle des Archetyps des Weiblichen hervorhob:

> Es ist die Frau, die für den Mann die Schlüssel zu den Ebenen des Innern bereithält. Wenn du durch das kumäische Tor schreiten willst, mußt du zum kleinen Kind werden und dich von einer Frau führen lassen … Es war Deiphobe, Tochter des Glaucus, Priesterin des Phoebus und der Göttin der Drei Wege, die dem König Aneas die schlüssellose Pforte öffnete und den Schleier fortzog, der das Leben vor dem Tod und den Tod vor dem Leben verhüllt.[19]

Das Inner Light entwickelte eine Reihe geführter Meditationen, welche jedem Mitglied die Bildwelt der mythischen Region verdeutlichen und eine innere Bewußtseinsverlagerung in jenen Bereich ermöglichten. In *The Old Religion, The By-Road to the Cave in the Mountain, At the Ford of the Moon* und *The Hosting of the Sidhe* werden eine Reihe innerer Reisen beschrieben. Die höchste Erfahrung besteht in einem Verschmelzen mit der himmlischen Isis in ihrem *grünen* Aspekt als Königin der Natur. Der Bericht erfolgt vom Standpunkt eines männlichen Okkultisten aus, der vom Archetyp des Weiblichen initiiert wird:

Das Grün der Buchenblätter und die helle Silberfarbe des Baumstamms schienen vor seinen Augen in einer Gestalt zu verschmelzen, die nicht der Baum war und ihm trotzdem glich. Er sah den Baum nicht mehr mit den Augen – er fühlte ihn. Er war wieder in seinem inneren, feineren Mondleib, und mit ihm sah und fühlte er den Mondleib des Baumes. Dann erschien der Baumgeist, der Deva, das leuchtende Wesen, das durch den Stamm und die Zweige und die Blätter der Buche lebt, wie ein Mensch durch seinen Rumpf, die Glieder und das Haar lebt. Die Buche war sehr freundlich, und sie begegneten sich von Mondleib zu Mondleib, und als sein Mondleib mit dem der Herrin der Buche verschmolz, spürte er den Charakter der Jahreszeit, die Liebkosung des Sonnenlichts, die Anregung durch den heller werdenden, zunehmenden Mond, die Schlafenszeit, die mit dem dunkler werdenden, abnehmenden Mond kommt.

›Du kannst so mit allem Leben verschmelzen‹, wurde ihm gesagt, und dann erblickte er mit den Augen der Fee die Blumen, Wasserfälle, Flüsse, und den heiligen Berg von Derrybawn, das heißt die Heimat der leuchtenden Wesen, in seinen hellen Farben. Er verschmolz mit dem tosenden Leben, das sich oben auf dem Gipfel des erhabenen und heiligen Berges befand – und so erhielt er die Initiation der Herrin der Natur – der Grünen Isis – in ihrem Tempel auf dem mit Heidekraut bewachsenen Gipfel, der sich über der tiefen Schlucht erhebt.[20]

Die Tradition der *Fraternity of the Inner Light* wird heute von einem magischen Orden weitergeführt, der *Servants of the Light (SOL)* heißt und von St. Helier auf der Insel Jersey aus geleitet wird. Dion Fortune bildete den bekannten Okkultisten W. E. Butler aus, der sich wie sie ein umfangreiches Wissen über Kabbala, Mythologie und esoterische Symbolik erwarb und alles in ein System der praktischen Magie einarbeitete. Im Alter übertrug Butler die Leitung von SOL an Dolores Ashcroft-Nowicki, die kürzlich eine Sammlung von Wegbahnungen unter dem Titel *Highways of the Mind* veröffentlichte.

Die Anfangsübung, eine Fantasiereise in der Meditation, die in die vier Elemente führt, ähnelt der psychotherapeutischen Methode der aktiven Imagination. Hier auszugsweise das Element Luft:

Schau zum Himmel auf: über dir sind Wolken und die warme Sonne. Tief aus dem Innern heraus zieht es dich nach oben. Gib dem nach und laß dich von der Kraft der Sonne hinauf zu den Wolken ziehen. Laß dich eins werden mit den Wolken. Dort trocknen dich die Winde und lassen dich teilnehmen am Reich der Luft. Neben dir Scharen anderer Sylphen, gemeinsam jagt ihr über den Ozean, hin auf eine hohe Bergkette mit verschneiten Gipfeln zu. Höher und höher und über sie hinweg zieht ihr, weidet euch an den Schneefahnen, die von ihren Höhen wehen. Stürzt euch hinab in die Täler, braust durch die Wälder und laßt die Zweige mit feinen, hohen Stimmen singen ... Reitet auf Vogelrücken, in die Federn zwischen den Flügeln geschmiegt, blickt hinab zur Erde unten.[21]

Dolores Ashcroft-Nowicki unterscheidet zwei Arten der Wegbahnung, wobei die eine sich zu festen und bekannten Punkten bewegt und sich an vertraute Symbole hält (die aktive Methode), und die andere sich den Zugang über ein vertrautes Symbol wie eine Tarotkarte oder ein Tattva verschafft, die aber auch unbekannte Bilder zuläßt (die passive Methode). Die erste gilt als sicher und wird Okkultisten empfohlen, die die Techniken der magischen Reise noch nicht so gut kennen, während bei der zweiten nie gekannte und möglicherweise erschreckende Symbole aus dem Unbewußten aufsteigen. Das erinnert an den Ratschlag, den Don Juan seinem ehrgeizigen Lehrling der Magie Carlos Castaneda gab:

> Für mich ist die Welt ein Wunder, weil sie gewaltig, schrecklich, geheimnisvoll, unergründlich ist. Mir war es wichtig, dich zu überzeugen, daß du die Verantwortung dafür übernehmen mußt, daß du hier in dieser erstaunlichen Welt bist, in dieser erstaunlichen Wüste, in dieser erstaunlichen Zeit.

Schließlich kommt die Zeit, und der Magier muß sich in neue Bereiche des mythischen Universums vorwagen, im Vertrauen auf sein Gefühl der persönlichen Integrität, auf seinen gesammelten Willen. Die Okkultisten bezeichnen solche Experimente manchmal als halb oder gar nicht strukturierte Wegbahnungen, und das SOL-System empfiehlt sie nur den Fortgeschrittenen. Beispiele solcher Wegbahnungen, die sich auf die Tradition von SOL stützen, werden wir noch besprechen.

In der abschließenden Wegbahnung der Reihe *Highways*, die eher aktiv als passiv ist, baut Dolores Ashcroft-Nowicki die Bildwelt einer anziehenden Waldlandschaft auf, die das Gefühl des Wohlbefindens und Friedens mit der Natur vertieft. In eine Lichtung schmiegt sich eine kleine Steinkapelle, in der sich eine heilige Umwandlung ereignen wird:

Wenn du bereit bist, schließe die Augen und bilde vor dem inneren Auge eine Tür in der Wand vor dir. Sie besteht aus schwerem, dunklem Eichenholz, hat eiserne Angeln und ein massives Schloß. Betrachte sie aufmerksam, vor allem den Griff aus Eisen. Verlasse nun deinen Stuhl und geh auf die Tür zu. Streck deine Hand aus, dreh den Schlüssel um, spür die Mühe, die das macht: er ist groß und alt und ein wenig verrostet. Faß jetzt nach dem Griff, dreh ihn um und öffne die Tür.
Sieh dir die Landschaft an, bevor du durch die Tür trittst. Ein Wald im ersten Frühling, ein offenbar viel begangener Pfad führt von der Tür mitten in den Wald. Die Luft ist warm und weich wie nach einem Regenguß, und dich umgibt der Geruch nach warmer Erde, nach Moos. Geh durch die Tür, ein paar Schritte vorwärts, dann dreh dich um und blicke zurück. Die Tür ist halb geöffnet, der Raum dahinter dunkel und verschwommen. Über der Tür steht dein Name in goldenen Buchstaben. Du trägst einen langen Umhang aus grauer Wolle mit einer zurückgeschlagenen Kapuze, dessen runde Spange im geschlossenen Zustand ein eingraviertes Kreuz mit gleichlangen Armen zeigt.
Folge dem Weg und geh durch den Wald, versuche die Düfte und Klänge um dich herum wahrzuneh-

men. Die Vögel singen sehr hell, wie immer, wenn es geregnet hat; spüre die nassen Zweige und Blätter, die Gesicht und Haare streifen. Wie weich die feuchte Erde unter deinen Füßen ist. Der ganze Wald ist voller wilder Blumen. Schau, ob du ihre Namen kennst. Die Zweige tragen feste, kleine Knospen, die sich eben öffnen.

Unter dem Gehen erreicht dich ein neuer Klang, Glockengeläut. Geh ihm nach; der Pfad bringt dich auf eine große Lichtung, auf der eine kleine Kapelle aus grauem Stein steht. Die Glocken schweigen, und du wartest. An die Tür der Kapelle kommt ein Mönch in weißer Kutte. Das Gesicht ist weder jung noch alt, ernst und doch voll unermeßlichem Mitgefühl, die Augen verständnisvoll. Er öffnet die Tür weit und lädt dich mit einer Geste in die Kapelle ein.

Im Innern ist alles hell, und bunte Glasfenster sind in ihrer ganzen Pracht zu sehen. Die Kapelle ist fast leer, keine Bänke, nur ein Stuhl mit hoher Lehne vor dem Altar, dazwischen eine niedere Bank aus Holz. Auf dem Altar ist alles vorbereitet. Nimm deinen Platz auf dem Stuhl ein und sprich ein eigenes Gebet. Auf dem Altar steht ein kleiner, schlichter Silberkelch. Das Weihwasser befindet sich in einer zugedeckten Schale. Das Ostfenster ist in Rosenfarben und Gold gehalten, dazwischen etwas Blau und Grün. Es zeigt vor allem ein Kind, das eine Taube in den Händen trägt. Von hinten tritt der Priester ein und scheint einen zweiten Kelch zu bringen, der jedoch in weiße Seide gehüllt ist. Er stellt ihn behutsam auf den Altar; die Verhüllung scheint ständig wie von einer sanften Brise bewegt. Rosenduft erfüllt die Kapelle, und obwohl sonst niemand anwesend ist, vernimmt das innere Ohr nie gehörten Lobgesang.

Knie nun auf der Bank nieder und sei bereit, zu empfangen. Mach dich so leer wie möglich, laß den Verstand nicht unausgefüllt, sondern eher *bereit*. Der Priester kommt mit dem Abendmahl, und du nimmst es an. Er verläßt die Kapelle mit dem kleinen Becher und der Schale.

Nimm wieder Platz und richte die Augen auf den verhüllten Gegenstand auf dem Altar. Geh in diesem Zustand, der dich schon auf eine höhere Ebene als die körperliche geführt hat, in eine Meditation und damit auf die nächste Ebene. Laß dich von dem verhüllten Kelch dorthin bringen. Er wird größer, bis er dein Blickfeld ausfüllt, und seine Form schimmert durch den Stoff. Laß *es* deinen Geist füllen, den du geleert hast, bereit für alles, was da kommen möge. Versuch zu erfassen, was sich deinem erhöhten Bewußtseinszustand einprägen will.

Allmählich nimmt der Gral die vorige Größe wieder ein, und die Kapelle wird von neuem sichtbar. Halte fest, was immer dir geschehen sein mag. Bedanke dich, geh zur Tür, halt inne und blicke zurück. Alles Licht in der Kapelle stammt vom verhüllten Gral, und ein leiser, summender Ton erfüllt wie Musik die Luft.

Draußen ist alles still und friedlich, ein lieblicher Wald voller Blumen. Geh zurück, bis du an die Tür kommst, geh durch und mache sie zu, schließe sie ab. Setz dich auf den Stuhl. Spür, wie sich dein Körper um dich schließt, und wenn du soweit bist, öffne die Augen. Schreib unverzüglich deine *Gralsbotschaft* nieder, bevor du sie vergißt. Das mag seine Zeit dauern und dich ein wenig ermüden, denn du bewegst dich durch die Astralebene zur mentalen, nimmst die eine als Trittstein zur anderen. Eine kurze Ruhepause macht dich wieder frisch.[22]

Da die *Servants of Light* ihre magische Ausbildung über Fernkurse lehren, reicht ihr Einfluß auf der Welt weiter als der des Golden Dawn, der nur in England und Frankreich Tempel hatte und mit Orden in den Vereinigten Staaten verbunden war. SOL hat heute praktizierende Mitglieder in den USA, in Deutschland, Nigeria, Ghana, Sambia, Äthiopien, England und Australien. Dolores Ashcroft-Nowicki hat den Kerninhalt der magischen Vorgehensweise von SOL rein erhalten können, weil sie von Zeit zu Zeit die Hauptzentren der magischen Aktivitäten besucht.

In Sidney begann eine Gruppe von Okkultisten, die von SOL ausgebildet worden waren, unter ihnen Catherine Colefax und Cheryl Weeks, die *Magus* herausgeben, und der Psycho-Mythologe Moses Aaron an einer Reihe komplexerer Wegbahnungen zu arbeiten, die sich auf besondere kosmische Archetypen stützen. Die drei hatten sich vor allem um die Verbindung mit den verschiedenen Aspekten der Göttin bemüht. Catherine Colefax und Cheryl Weeks hatten Dion Fortunes *Ritual der Isis* weiterentwickelt, schufen Wegbahnungen, die Bilder der Demeter, Persephone, Diana, Aphrodite und der schwarzen Isis heraufrufen, und Moses Aaron war auf einer inneren Ebene in Kontakt mit einer Reihe magischer Wesen getreten, unter ihnen der ehrwürdige Merlin und der Minotauros als Wächter des Labyrinths.

Die Gruppe *Magus* wollte vor allem gemeinsam *Zugangsmeditationen* entwerfen, die geeignete archetypische Bilder aufriefen, und einen Berührungspunkt mit der mythischen Ebene. Ein Gruppenmitglied las den *Zugang* laut vor, so ähnlich wie bei der *Mind-Game-Technik* von Robert Masters und Jean Houston, während die übrigen die Empfindung der anderen, symbolischen Wirklichkeit als Ort der Verlagerung des Bewußtseins anwachsen ließen. In einigen Fällen war der Zugang recht knapp gehalten, er konnte aber auch komplex und detailliert sein. Wenn sich der einzelne in den mythischen Raum begeben hatte, mußte er die Reise allein fortsetzen, mußte sich den Kontakt mit den Archetypen so genau wie möglich merken, damit die magischen Begegnungen anschließend systematisch erfaßt werden können. Die Reisen gehörten also zur zweiten Gruppe der Wegbahnungen, die nicht zwischen bestimmten symbolischen Zugängen und Ausgängen hin und her führten, sondern auch Spontanes, Ungreifbares zuließen. Der Zugang in eine frühe Fantasiereise, die Pan heraufbeschwört, war recht kurz:

Geh durch die Tür. Du befindest dich in felsiger Landschaft – flache und schwarze Felsen. Du erreichst einen breiten Abgrund. Du bleibst stehen und hörst Flötenklänge. Die Klänge werden zu goldenen Lichtkreisen, die Trittsteine über den Abgrund bilden. Wenn du willst, kannst du den Abgrund auf den goldenen Trittsteinen überqueren und nach dem Ausschau halten, der die Musik macht.

Dieser Zugang verschaffte Moses Aaron einen ungewöhnlichen mythischen Kontakt, bei dem er direkt mit Pan sprechen konnte. Ein interessanter Aspekt der Begegnung ist die Musik Pans, eine Art *lautloser* Klang, der an das Zen denken läßt:

Ich gehe hinüber und bin bei Pan (die untere Hälfte golden, die obere weiß mit goldenen Haaren, goldenem Bart).

»Herr des Tanzes, Flötenspieler am Tor der Morgendämmerung, ich würde dich gern sehen, wenn das erlaubt ist.«

»Dann komm und knie dich vor mich.« Ich knie nieder. »Blick jetzt auf.« Ich sehe Pan und umarme ihn.

»Herr, ich möchte von dir getröstet werden.« (Er nimmt mich wie ein kleines Kind auf den linken Arm.) »Herr, ich möchte dich küssen.« (Ich küsse ihn auf den Mund, freue mich unglaublich, weil er mich hält.)

»Es ist Zeit zu gehen.«

»Herr, ich möchte noch ein wenig von dir gehalten werden. Wenn ich in deinen Armen bin, bin ich getröstet und habe keine Angst.«

»Wovor hast du Angst'?«

»Herr, ich weiß nicht, aber in deinen Armen fühle ich mich geschützt und habe keine Angst.«

»Da täuschst du dich, Kleiner. Ich kann dich vielleicht vor aller äußeren Angst schützen, aber vor der wahren Angst, die in dir ist, kann weder ich noch sonst ein Wesen dich beschützen, abgesehen von deinem Stern – jetzt ist es Zeit zu gehen.«

»Herr der Flötenspieler, wenn es erlaubt ist, spiel deine Flöte für mich.« Er spielt sie.

»Kleiner, was hast du gehört?«

»Ich habe nichts gehört, Herr.«

»Die süßeste Musik ist die unhörbare.«

»Herr, das hört sich wie ein elendes Paradox an.«

»– oder wie eine unaussprechliche Wahrheit. Was meinst du?«

»Herr, ich weiß nicht. Spiel noch einmal auf deiner Flöte.« (Ich höre wieder nichts.)

»Jetzt ist es Zeit. zu gehen.« (Er setzt mich ab. Ich halte seine Hand, und wir gehen zurück zum Abgrund.)

»Herr, kannst du über die goldenen Scheiben gehen?«

»Das kann ich, aber ich muß es nicht.« (Er hebt mich hoch, hält mich in seinen Armen, er setzt über den Abgrund – und läßt mich auf der anderen Seite herab.)

»Herr, ich würde dich gern wieder besuchen, wenn es gestattet ist.«

»Das ist natürlich gestattet. Bis bald, gutes Hören, Kleiner.«

Einige der ursprünglichen halbstrukturierten magischen Reisen der Gruppe Magus führten zu Begegnungen mit Diana, mit dem Wächter der Ringsteine (nach dem Vorbild von Stonehenge, mit zwölf Steinen für den Tierkreis, von denen jeder in einem Ton schwingt), oder sie waren eine Suche nach dem vergrabenen Schatz (dem *inneren Gold*). Während der Zeit hatte ich mich mit eher strukturierten Wegbahnungen beschäftigt, in denen es um die Archetypen des Tarot ging, die eine Initiation herbeiführen. Ich hatte eine Folge von *Mind Game*-Reisen vorbereitet, die alle zweiundzwanzig Karten des Großen Arkanums umfaßte und von *Der Welt* zur widersprüchlichen Karte *Der Narr* führte. Ich habe darüber in einem anderen Buch berichtet, *Don Juan, Mescalito and Modern Magic*. Ich experimentierte mit Synthesizermusik und schuf eine Reihe von Meditationsbändern, welche die Wegbahnungen mit der beziehungsreichen Musik verbanden, von der Struktur her eine Musik des *inneren Raumes,* ähnlich der von Instrumentalisten wie Klaus Schulze, Edgar Froese, Brian Eno, Manuel Gottsching und anderen.

Ich fand Gefallen an den Möglichkeiten, der Weite halb strukturierter magischer Wegbahnungen und schloß mich ab der vierten Reise der Gruppe Magus an. Mit dem Material des Tarot war ich das Risiko eingegangen, meinen Wahrnehmungsbereich auf mein eigenes Überzeugungssystem einzuengen, wie das bei John Lilly heißt. Ich war mit anderen Worten dabei, unnötige Grenzen zu errichten. Die Wegbahnungen der Gruppe Magus gehen seither mehr in die Tiefe, haben das unterschiedlichste Material miteinbezogen.

Die Ausrichtung der drei anderen Mitglieder auf die Göttin führte zur Erstellung eines magischen Zugangs zur Herrscherin, einer archetypischen Göttin, die natürlich im Tarot erscheint, aber in jeder Mythologie als Große Mutter auftritt. In der Wegbahnung gab es Abschnitte, die von den Einzelnen frei gewählt werden konnten, damit individuelle Kontakte mit der Göttin möglich waren:

Wir gehen durch einen Höhleneingang und steigen über uralte Steinstufen hinab zum Palast der Herrscherin. Unten erreichen wir eine prächtige Pforte, die mit Silberscheiben und meerblauen Edelsteinen besetzt ist. Die Pforte öffnet sich nach innen, und wir betreten einen Vorraum. Der Boden ist perlfarben und durchsichtig, und die Wände der Kammer schimmern wie Spiegel im Sternenlicht.
Eine junge Frau erscheint als Herrin der Sternenkammer, und wir sagen ihr, daß wir die Herrscherin gern sehen möchten. Die Frau erklärt, daß sie

uns den Zutritt durch drei Türen gewähren kann, daß sie uns ein Geschenk geben wird, das uns im Reich der Göttin Erfolg haben läßt. Die Geschenke sind:

eine Sichel für die Weizenernte;
ein Silberkelch, um zu trinken;
ein leuchtender Kristall, der uns unter einen See führen wird.

Wir erblicken ihre Symbole auf den Türen vor uns und nehmen unsere Geschenke entgegen, um eintreten zu können. Wir erfahren, daß wir als Zusammenfassung unserer Erfahrung die Herrscherin treffen werden, und daß jeder ihr berichten soll, wie er durch ihr Reich gereist ist und was er gelernt hat. Und nun schreiten wir voran.

Meine Reise wies Züge auf, die an die Guide Meditation erinnerten. Ein Reisebegleiter (ein zusammengerollter Drache) erschien, der mich an potentiellen Gegnern vorbeiführte. Wie in der Guide Meditation erhielt ich von der Göttin ein Geschenk:

Das Geschenk, um das ich die Frau im Vorraum bat, war der Kelch, um zu trinken. Fast augenblicklich war mir bewußt, daß ich mich in einer anderen Region befand. Ich bewegte mich auf einem steilen Bergpfad, der über mir gefährlich, beinahe senkrecht in die Höhe führte. Ich hatte einen Führer – einen jungen Mann mit einem herrlich ebenmäßigen Körper und prächtig goldenem Haar –, der eine feuerrote Fackel trug. Der Schein fiel auf die zerklüftete Landschaft, blaugrün und möglicherweise schwer begehbar. Ich folgte eher dem Licht, als daß ich darauf geachtet hätte, wohin ich die Füße setzte. Dann bemerkte ich über mir einen zusammengerollten Drachen, der sich um die zentrale Achse des Berges ringelte. Ein Krieger erschlug den Drachen, und darauf wurde ihm selbst der Kopf abgehauen. Ich sah nicht, wie es dazu kam, hatte aber das Gefühl einer Selbstaufopferung. Ich ging vorüber und näherte mich der großen Herrscherin, die auf ihrem Thron saß. Sie hatte langes, wallendes goldenes Haar. Mir fiel es schwer, ihr ins Gesicht zu blicken, denn ihre Augen schienen an vielen Orten gleichzeitig zu sein.

Sie reichte mir eine kleine Flasche, aus der ich trinken sollte – ich wußte gar nicht, ob ich überhaupt den Kelch von der jungen Frau entgegengenommen hatte; vielleicht war der heilige Trank das Ziel und gar nicht das eigentliche Geschenk. Ich trank, und als die Flüssigkeit in mich strömte, meinte ich mich auszudehnen, schwebte beinahe fort. Es war ein Gefühl großer Befreiung und Ausweitung, und anscheinend war mir etwas Kostbares geschenkt worden.

Das Erkunden der Wegbahnungen durch die Gruppe umfaßte inzwischen auch Reisen, die den Dualismus des Tao als Pforte einsetzten, einen neuen Zugang zum Minotauros und eine Fantasiereise ins Reich des Abraxas, der gnostischen hohen Gottheit, die die polaren Gegensätze in sich aufhob und auch der Gott der Zeit war. Diese Arbeit wird weitergeführt, und vielleicht lassen sich die visionären Reisen auf dieser Stufe noch gar nicht allzu tief analysieren, aber wir haben den Eindruck, daß die halb strukturierte Wegbahnung spontane Manifestationen der Mythen des Unbewußten zuläßt, und zwar in einem schöpferischen, sinnvollen Zusammenhang. Gelegentlich zeigen die Erfahrungen große Ähnlichkeiten mit den Urmythen der Schamanen. Cheryl Weeks Reise, die von einer Begegnung mit dem kosmischen Drachen ausgeht, erinnert an die Erfahrungen mit südamerikanischen Schamanen, von denen Michael Harner berichtet. Der Drache führt sie in der Meditation in Elementarprozesse des Universums ein, die von außerordentlicher Schönheit sind:

Der Zugang ist folgender:
Entspann dich langsam, bis der Körper schwerer und schwerer wird, bis er dir nicht mehr bewußt ist, mit Ausnahme des Stirnzentrums. Hier formt sich ein winziger Lichtpunkt … Er weitet sich allmählich aus, bis er dich und deine Umgebung einhüllt, und du scheinst eine Ewigkeit in diesem Licht zu schweben. Plötzlich bündelt es sich zu einem Strahl, der von dir aus etwa sieben Meter nach vorne reicht. Du konzentrierst dich auf seine Spitze, worauf sich der Strahl auflöst, und nur der Punkt, den du betrachtest, übrig bleibt. Du bist von Finsternis umgeben, und zunächst ist es schwer, die Umgebung zu erkennen. Doch dir wird bewußt, daß der Lichtpunkt die Pupille eines riesigen goldenen Auges ist. Du kannst nun besser sehen und erkennst die Umrisse eines gewaltigen Leibes, der sich tief in die Höhle hinein erstreckt, in der du dich jetzt befindest. Und wenn sich deine Augen angepaßt haben, siehst du, daß die gewaltige Gestalt ein Riesendrachen ist, der etwa sieben Meter von dir entfernt liegt.

Seine halb entfalteten Flügel sind unglaublich schön – ein Mosaik lebendiger Farben: Zinnober, tiefe, satte Blautöne, Azur, flammendes Gold, und zwischen ihnen ein Sprühen vieler Farbtöne. Sein Riesenleib ist mit bronzefarbenen metallisch glänzenden Schuppen bedeckt, mit Mustern ineinander verwobener Farben, die sich bei jedem seiner Atemzüge schlängeln und tanzen. Auf seinem Rücken sind Stacheln aus Kristall, in denen sich das Licht bricht, das von Zeit zu Zeit im Hintergrund der Höhle explodiert.

Unverwandt starren seine mächtigen Augen, und du bist von dem Blick gebannt. Deine Glieder werden starr. Er ist achtsam; deine Lähmung scheint ihn nicht zu interessieren. Die Stille ein Klang, der fast körperlich zu spüren ist: du wartest, und dann beginnt er sich langsam auf dich zu zubewegen. Und du kannst dich noch immer nicht rühren, dein Blick kann sich nicht von seinem lösen, weil du nicht wußtest, daß ein Blick in Drachenaugen genügt, um dich zu bannen. Er schaut tief in dein Inneres, tiefer, als du je geblickt hast, und noch weiter. In seinem Blick ist etwas Fremdes und unglaublich Uraltes, und du fühlst deine Vergänglichkeit vor diesem uralten Geschlecht. Er hält ungefähr drei Meter vor dir an.

Du spürst, daß du dich jetzt wenigstens bewegen kannst. Und wenn du möchtest, kannst du dich auch entscheiden zu gehen. Du brauchst nur die Augen zu schließen und den Lichtpunkt an deiner Stirn zu aktivieren; du wendest ihn nach außen, bis er dich einhüllt, schwebst eine Weile, öffnest die Augen und bist wieder in deiner vertrauten Umgebung. Er wartet auf deine Entscheidung. Es hängt von dir ab.

Ich sang dem Drachen etwas vor – ein Lied über Frühlingsabende, wenn der Vollmond anmutig aufgeht und der sanfte Wind die Blumen einer Wiese schaukelt. Und während des Singens nahmen die Bilder Gestalt an, und wir durchlebten sie.

Dann sang der Drache, ein grollendes Brummen, von urtümlichen Wäldern und feurigen Vulkanen, vom heißen Atem des Winds über einem orangefarbenen Meer. Und auch das durchlebten wir.

Wieder sang der Drache, ein neues Lied, und eine Frau begann sich zu bilden. Ich fiel in sein Singen ein. Und er sang ihr ein Gewand aus glänzendem Silber, ich sang ihr wallendes Silberhaar, und als wir am Ende waren, war sie sehr schön, ein wenig wie ein silberner Fisch in der Umhüllung des leuchtenden Gewands.

Dann fühlte ich, sie müsse einen Gefährten haben, und begann wieder zu singen, und der Drache sang mit. Wir sangen einen Mann von goldener Schönheit, das Haar bildete einen Hof von schimmernder Sonne.

Wir betrachteten die beiden, und sie bewegten sich aufeinander zu. Sie wurden zu zwei Säulen, leuchtendes Gold und glänzendes Silber. Und sie schmolzen, verflochten sich, verschmolzen und verschwanden, fuhren wie eine Fontäne auf und vergingen.

Ich stand neben dem Drachen, der sengende Flammen und Rauchwolken ausatmete. Sie blieben bestehen und formten einen Feuerlotus, der unten Rauchringe wie Blätter trug. Der Lotus öffnete sich und zeigte ein Kind, das eine Hand ausstreckte, in ihr eine große glänzende Perle. Dann fuhr auch diese Vision wie eine Fontäne auf und zerging.

Ich kniete auf dem Boden und grub in der schwarzen Erde. Ich vermischte sie mit Wasser und salbte meinen ganzen Körper. Sie war wie ein Öl, das meine Haut färbte.

Ich sprach: »Ich bin schwarz, o Herr.« Ich begann mich zu drehen, bis ich das Bewußtsein verlor und erwachte.

Nachschrift
Weshalb der Schamane?

Dieses Buch wollte vor allem auf einige der interessanten Parallelen hinweisen, die sich im traditionellen Schamanismus und der Magie im heutigen Westen finden lassen, die besonders die visionären Aspekte betont. Vielleicht sollte ich erklären, warum ich die vergleichende Untersuchung überhaupt angestellt habe.

Wie Michael Harner in seinem beispielhaften Buch *Der Weg des Schamanen* feststellt, hat sich unsere heutige wissenschaftliche Welt damit zufriedengegeben, die Volksweisheit der schamanischen Kulturen außer acht zu lassen, scheinbar deshalb, weil diese Gesellschaften mit ihrem Glauben nicht so hochentwickelt sind und nur über einfache Technologien verfügen. Die westlichen Ärzte mußten sich erst kürzlich mit dem taoistischen Glaubenssystem auseinandersetzen, das der Akupunktur zugrunde liegt, weil diese Technik im Bereich der Narkose offensichtlich wirkt, und im Schamanismus finden wir ein uns unbekanntes Wissen über die veränderten Bewußtseinszustände.

Das Funktionieren unserer Gesellschaft hat gewöhnlich nichts mit solchen *veränderten* Zuständen zu tun: das Netzwerk der Technik, die Pläne der Manager, die Produktion der Industrie würden vermutlich zusammenbrechen, wenn statt der Wissenschaftler, Ingenieure und Betriebsleiter die Schamanen die Dinge in die Hand nähmen! Die technologische Stärke unserer modernen Gesellschaft war freilich der Ruin unserer Mythen. Deus ist jetzt fest in der Maschine und nicht so sehr ex machina. Die vorherrschende Struktur unseres Wissens wurde von Philosophen und Wissenschaftlern errichtet, die von den neuesten Fortschritten in Chemie, Biologie, Physik und Mathematik ausgehen. Alles, was nur irgendwie nach *Vorherwissen* riecht, wurde unvermeidlich dem Bereich des Aberglaubens und falschen Denkens zugewiesen. Zwei herausragende Gestalten in der Geschichte des Denkens im zwanzigsten Jahrhundert, Sigmund Freud und Jacob Bronowski waren sehr darauf bedacht, alle okkulten und metaphysischen Betrachtungsweisen zu verurteilen und zu verhindern, daß sie in die heutigen Lehrgebäude Eingang finden.

Das Wiederaufleben der Magie im Westen und das neue Interesse an den Kosmologien der *Eingeborenen* und am Schamanismus, wie er zum Beispiel in den Kulturen der amerikanischen Indianer zu finden ist, zeigen, daß das Pendel in die Gegenrichtung, ins Mythische schwingt. Der Versuch, die Reste mythologischen Denkens im modernen Menschen zu unterdrücken und den *Aberglauben* durch die fortschreitende Wissenschaft auszumerzen, hat sich als unbefriedigend und vielleicht sogar krankhaft erwiesen. Wir Menschen brauchen Bereiche des Geheimnisvollen. Wir müssen wissen, wo sich die heiligen Aspekte des Lebens entdecken lassen und wie die intuitiven, unendlichen und zutiefst bedeutsamen visionären Momente zu verstehen sind, die in allen von uns manchmal aufsteigen.

Die vorherrschende westliche Kultur kann uns in dieser Hinsicht kaum helfen. Wir sind von einer Technologie der Städte umgeben, die alles versucht hat, um die Welt zu zähmen. Stanley Hopper hat ganz richtig von der ›Verarmung an Symbolen‹ geschrieben, die uns alle betrifft, und stellt fest, daß in unserer Konsumkultur das Erbe der Mythen so verdreht wurde, daß

> Ahura Mazda heute der Name einer Glühbirne ist, daß ein Auto ›Mercury‹ heißt und der Pegasus, der einst am antiken Himmel strahlte, heute zwar fast überall zu sehen ist, allerdings herabgesetzt und als fliegendes rotes Pferd verkleidet – Markenzeichen eines Benzins.[1]

Im Gegensatz dazu bieten Schamanismus wie Magie Techniken, um uns den Quellen unserer Kultur zu nähern, aus denen die Visionen aufsteigen. Beide Gedankengebäude verleihen dem Universum eine Struktur, die von tiefer symbolischer Bedeutung ist und in der ausreichend Platz für die erweiterten Horizonte des menschlichen Bewußtseins ist. Wir lernen dabei, wie wir die profane Welt umwandeln können und im Kosmos wiedergeboren werden.

Anhang A
Schamanismus, Magie und die Erforschung des Bewußtseins

Der Schamanismus und die moderne Magie der Trance sind vielschichtige Erscheinungen, und so muß das unterschiedlichste Material herangezogen werden, um ein Licht auf die jeweiligen Prozesse zu werfen. Die Anthropologen Reinhard und Bourguignon haben ganz richtig den Begriff des veränderten Bewußtseinszustands in die Diskussion über den Schamanismus eingeführt, und bei der Erörterung veränderter Bewußtseinszustände müssen die Forschungen über linke und rechte Gehirnhälfte, die Elektroenzephalogramme der Gehirnrhythmen (EEGs) und die Auswirkungen der sensorischen Deprivation auf das Bewußtsein berücksichtigt werden. Einige Schamanen berichten von Fällen der Dissoziation, die mit außerkörperlichen Erfahrungen (AKE) viel gemeinsam haben, und diese sind kürzlich von einer Reihe von Psychologen untersucht worden, die sie entweder als Erweiterungen der Wahrnehmung des Bewußtseins oder als schizophrene Geistesgestörtheit beschreiben. Einige Tiefenpsychologen haben außerdem die Geisteszustände untersucht, die mit Mythos und Symbol zu tun haben, auch diese Ergebnisse sind für die Erforschung des Schamanismus wichtig. Einige dieser Entdeckungen sind in der Psychotherapie in die Techniken der *aktiven Imagination* eingeflossen, welche an die traditionelle Reise in der Trance denken lassen. Heutige Magier berufen sich gern auf C.

G. Jungs Psychologie und ihre Archetypen, doch bei ihren Untersuchungen müßten sie auch die neueren Arbeiten berücksichtigen, die sich mit den *Überzeugungs- oder Glaubensprogrammen* des Unbewußten befassen. Diese Untersuchungen gehen vor allem auf den Spielraum ein, den ein bestimmtes Überzeugungssystem der Bewußtseinserweiterung und dem visionären Blick gewährt.

Physiologie und Mystik

Die Überlegung, ob Schamanen und Magier der Trance zur großen Gruppe der Mystiker gehören, liegt nahe. James H. Leuba schreibt zum Ausdruck *mystisch:* ›... er bedeutet für uns jegliche Erfahrung, die der Erfahrende für einen Kontakt (nicht durch die Sinne, sondern unmittelbar, intuitiv) hält oder eine Vereinigung des Ich mit einem Über-Ich, sei sein Name Weltgeist, Gott, das Absolute oder anders‹[1], und Evelyn Underhill bezeichnet das Phänomen in ihrem grundlegenden Werk *Mystik* als ›die bewußte Vereinigung mit einem lebendigen Absoluten‹.[2] Ich habe schon darauf hingewiesen, daß der Schamane sich in einem klar umrissenen Kosmos bewegt und die Gottheiten und Geisterwesen, die für ihn in seiner Kultur von höchster Bedeutung sind, als existenzielle Wirklichkeit erlebt. Die Götter des Schamanen sind häufig die Lebenserhalter, die für das Wohlergehen sorgen und über die Gegenmittel verfügen, die bei Krankheiten und gegen das Böse helfen. In diesem Zusammenhang ist es richtig, die Reise des Schamanen als Suche nach einem Kontakt mit dem Absoluten aufzufassen. Ehrenwald hat sogar die außerkörperliche Erfahrung als Bestandteil des Schamanismus folgendermaßen gesehen: ›ein Ausdruck der ewigen Suche des Menschen nach Unsterblichkeit ... ein zögernder Versuch, sich der Wirklichkeit der eigenständig existierenden Seele zu versichern – eine bewußte Kampfansage an die drohende Vernichtung.‹[3] Sicher sind auch solche Prozesse beteiligt. Der Schamane hat als Mittler zwischen Menschen und Göttern Zugang zu Seinsebenen, die den Lebenden gewöhnlich nicht erreichbar sind, und er zeigt häufig mit Hilfe des Prozesses von Tod und Wiedergeburt, daß er in der Lage ist, die Sterblichkeit zu überwinden.

Harriet Whitehead schließt ganz ähnlich, daß der Mystiker und der Magier viele gemeinsame Züge aufweisen, daß ihr Handeln Zusammenhänge zeigt:

Die mystische Erfahrung bringt nach den Worten von William James ›Einsichten in Tiefen der Wahrheit‹ mit sich, ›die vom diskursiven Intellekt nie ausgelotet wurden‹. Die Leidenschaft des Magiers gilt dem Wissen, einem sehr einfühlsamen Wissen, das gleichzeitig praktisches Wissen ist. Für ihn schließen sich die beiden nicht unbedingt aus.[4]

Charles Tart wiederum hat die mystischen und magischen Geisteszustände der Gruppe der *veränderten Zustände* (altered states, ASC) zugeordnet, die er von den einzelnen gewöhnlichen Bewußtseinszuständen unterscheidet, welche in der allgemein anerkannten Wirklichkeit auftreten. Sie ist der Bereich der gewöhnlichen Kommunikation und beruht auf den Vorstellungen, über die sich alle einig sind und die bis in den Sprachgebrauch und das soziale Verhalten reichen. Nach Tart gehört zu einem Bewußtseinszustand ›eine

Ordnung, die das gesamte Bewußtsein aktiv durchdringt, ein System von Strukturen, die sich gegenseitig beeinflussen und von der Energie der Aufmerksamkeit/gesteigerten Bewußtheit aktiviert werden‹.[5]

Wie wir sahen, gehört zum schamanischen Prozeß eine Verlagerung des Bewußtseins fort aus der Alltagswelt in einen inneren, mentalen Bereich, der an Wirklichkeit gewinnt, wenn das Bewußtsein des Schamanen zunehmend aufmerksam auf die empordringenden symbolischen Bilder wird. Tarts Arbeit schließt auch eine Untersuchung der ›Ereignisse im Erfahrungsraum‹ ein, dazu den Bereich der Aktivität zwischen starkem Denkvermögen und starkem Vorstellungsvermögen. In mystischen Zuständen ist das letztere stärker betont und das erstere herabgesetzt. Tart hat aber bestimmte EEG-Muster bei außerkörperlichen Erfahrungen festgestellt, die sie vom Traum und mystischen Zuständen unterscheiden. Besondere Aufmerksamkeit hat er den sogenannten luziden Träumen zukommen lassen. Im luziden Traum verfügt der Träumer in gewissem Maß über Willenskraft und Bewußtsein:

> Man fühlt sich so vernünftig wie im gewöhnlichen Bewußtseinszustand, hat den geistigen Zustand in der Hand, und doch befindet man sich von der Erfahrung her in der Traumwelt. Hier ist das Denkvermögen auf einem sehr hohen Niveau, und das Vorstellungsvermögen ebenso.[6]

Diese Gruppe veränderter Zustände scheint besser als alle anderen zum Phänomen des Schamanismus zu passen. Die Visionen bewirken, daß sich der Schamane sehr gut an das Vorgefallene erinnern kann. Er ist in der Lage, in der Trance zweckmäßig zu handeln und unterscheidet sich dadurch deutlich vom Medium in seiner Besessenheit, das im veränderten Zustand die Kontrolle verliert und sich häufig an nichts erinnern kann. Der Schamane trifft auch auf eine Reihe von Bildern, die eher an Trauminhalte denken lassen und nicht an die mystischen Praktiken des Zen und des Yoga, die physiologisch untersucht worden sind. In diesen Fällen besteht das philosophische Ziel darin, mit einem unbegrenzten Absoluten zu verschmelzen, das über Form und Inhalt hinausgeht. Es überrascht nicht, daß ein bestimmtes EEG-Muster für diesen Zustand gefunden wurde. In ihm herrscht der Alpha-Rhythmus vor, welcher der Entspannung und Meditation zugerechnet wird und große Amplituden von 8–13 Hertz erzeugt.[7] Solche elementaren Denkvorgänge sind allerdings nicht nur auf Alpha-Zustände beschränkt, sondern können auch Traumzustände und stark emotional mentale Zustände umfassen, bei denen die kortikale Erregung sehr hoch oder sehr niedrig sein kann.

Es gibt zwar noch keine vollständige Untersuchungsreihe, aber wir würden bei einem Zen-Mystiker, der über die Leerheit meditiert, ein anderes EEG-Muster erwarten als bei einem Schamanen, der den Prozeß der Zerstückelung und Wiedergeburt durchläuft. Der Unterschied der Überzeugungssysteme und die Verschiedenheit der Wahrnehmungsinhalte scheinen in einem Zusammenhang mit den einzelnen Bewußtseinszuständen zu stehen, worauf John Lilly aufmerksam gemacht hat. Wir werden darauf noch zurückkommen.

Akira Kasamatsu und Tomai Hirai haben die Ergebnisse einer EEG-Untersuchung von Anhängern der

Soto- und Rinzai-Schule, die Zen ausüben, vorgelegt. Beim Sitzen (Zazen) wurden schon nach fünfzig Sekunden Alphawellen von den Geräten registriert, die mit der Kopfhaut der Meditierenden verbunden waren. Die Amplitude der Alphawellen blieb gleich, dazu gesellte sich dann eine rhythmische Folge von Thetawellen, die manchmal mit dem Zustand der Hypnose verbunden sind. Nach Kasamatsu und Hirai verliefen diese Stufen der Veränderung im EEG parallel zu den geistigen Zuständen der Schüler, die von einem Zenmeister beurteilt wurden.[9]

Über eine andauernde Aktivität der Alphawellen berichten auch B. K. Anand und seine Kollegen, die Yogis während des *samadhi* (meditatives Einssein) und auch vor wie nach der Meditation untersuchten. Es zeigte sich, daß zwei der Yogis mit hoher Schmerzschwelle die hohen Alphawellen aufrechterhalten konnten, als ihr Hände in eiskaltes Wasser (4° Celsius) getaucht wurden, und zwar bis zu fünfundfünfzig Minuten. Zwei andere konnten starke Lichtreize, Geräusche, Vibrationen und Hitze aktiv ausschalten, ohne daß sich das Alphamuster geändert hätte.[10]

Diese Erkenntnisse stehen zunächst in keinem direkten Zusammenhang mit dem Schamanismus, zeigen aber, in welchem Umfang Mystiker ihre Aufmerksamkeit und Wahrnehmungen vom äußeren in einen inneren Bereich verlagern können. In der Terminologie Tarts verlagern sie ihre Bewußtseinsenergie von einem Schauplatz der Wahrnehmung (experiential locale) zu einem anderen. EEGs können uns zwar zeigen, daß die Alphawellen zum Beispiel stärker werden, doch über Faktoren wie bestimmte geistige Inhalte in einem veränderten Zustand sagen sie sehr wenig aus und gar nichts über jene Faktoren der symbolischen Umwandlung und der Reisen zu den Archetypen, die für den schamanischen Prozeß so wichtig sind. Im Fall des Schamanen haben wir es mit einem Phänomen der Trance zu tun, das ›den Unterschied zwischen Wirklichkeit und Vorstellung zunehmend unerheblich werden läßt‹, wie Ronald Shor schreibt.[11]

Diesen Aspekt einmal beiseite gelassen, haben Forscher wie Robert Ornstein und David Galin interessante Arbeiten über die linke und rechte Hälfte des Gehirns vorgelegt.

Ornstein stellt beim typischen Rechtshänder unterschiedliche funktionale Eigenschaften der linken und rechten Gehirnhälften fest.[12] Zu den Aspekten der linken Hälfte gehören: Intellekt, Zeit und Aktion, sowie ausdrückliche, analytische, propositionelle, lineare, aufeinanderfolgende und verbale Muster. Zur rechten gehören unter anderem folgende: sinnliche, zeitlose, rezeptive, stillschweigende, ganzheitliche (Gestalt), apositionelle, nicht-lineare, gleichzeitige und räumliche. Ornstein bemerkt, daß die Meditation mit Techniken zu tun hat, die auf ein persönliches und nicht auf ein intellektuelles Wissen abzielen.

Deshalb sind die Übungen dazu bestimmt, eine Veränderung im Bewußtsein herbeizuführen – eine Verlagerung weg vom aktiven, nach außen orientierten, linearen Modus hin zum rezeptiven und stillen Modus und gewöhnlich eine Verlagerung von einem äußeren Brennpunkt der Aufmerksamkeit auf einen inneren ... Im allgemeinen versucht er, alle äußeren Reizquellen auf ein Minimum zu beschränken, um zu vermeiden, daß er von seinem Meditationsgegenstand abgelenkt wird.[13]

Ornstein stellt weiter fest, daß im Vergleich der Kulturen überall Singen, Beten, Atemkontrolle und Visualisierung von Symbolen zur Meditation gehören, weil sie dazu beitragen, das Bewußtseinsfeld zu verlagern.[14] Wichtig ist, daß traditionelle Mystik, Schamanismus und die heutige Magie der Trance diese Aspekte gemeinsam aufweisen.

Alpharhythmen im okzipitalen Kortex zeigen einen Zustand der verminderten visuellen Aufmerksamkeit auf die äußere Umgebung an und lassen sich, wie wir sahen, auch in der Meditation des Zen und Yoga finden. Ornstein hat folglich die Meditation als Zustand definiert, in dem der Alpharhythmus gesteigert ist. Er stellt aber auch fest, daß die *esoterischen Psychologien* (zu denen auch die Philosophie der modernen Magie zu rechnen wäre) nach einem Ausgleich von Intellektualität und Intuition suchen, daß die Übungen gewöhnlich die Entwicklung des rezeptiven, ganzheitlichen Modus betonen.[15]

Ganz gleich, ob Mystik mit gesteigerten Alpharhythmen gleichzusetzen ist oder nicht, und zwar in dem Sinne, daß sowohl Mystiker wie Magier nach dem Einssein mit einer umfassenderen Wirklichkeit streben, beide aktivieren auf jeden Fall einen ganzheitlichen Modus des Bewußtseins, der von Wissenschaftlern mit der rechten Gehirnhälfte in Zusammenhang gebracht wird.[16] Interessant ist auch, daß einige Mitglieder des Golden Dawn, darunter so bekannte Autoren wie W. B. Yeats, Arthur Machen und Algernon Blackwood, die rituelle Magie als etwas erlebten, das die schöpferische Einbildungskraft anregt. Besonders Yeats nahm eine Reihe seiner Trancemeditationen über das Tarot in seine Gedichte auf, und das Wiedergeburtsritual in Tiphareth fand Eingang in die Erinnerungen des Michael Robartes in der *Rosa Alchemica*.[17] Der Baum des Lebens als Symbol der modernen westlichen Magie wird oft so gedeutet, daß Hod (der Intellekt) Netzach (der Emotion, Intuition) gegenübersteht, und Ziel des Magiers ist es, eine Verbindung mit den Energien der Mythen seines Unbewußten herzustellen, die im Gleichgewicht ist.

David Galin betont, daß

die analytischen und ganzheitlichen Modi sich ergänzen; jeder Modus hat eine Dimension, die dem anderen fehlt. Künstler, Wissenschaftler, Mathematiker, die über ihre schöpferische Kraft schreiben, berichten alle, daß sich ihre Arbeit auf die glatte Einbeziehung beider Modi stützt.[18]

Da die Mystik mit der Aktivität der rechten Gehirnhälfte in Zusammenhang steht, werden der Schamanismus und die Magie der Trance, die eine zweckgerichtete Handlungsweise in den veränderten Zustand, zum Beispiel den luziden Traum einbezieht, mit einer Kombination der Aktivitäten beider Hälften arbeiten.

Die Bereiche der Mythen und Symbole

Der erste Anstoß in der psychologischen Forschung, zur Verbindung mythologischer Symbole mit dem Unbewußten, ging von C. G. Jung aus. Während Freud der Ansicht war, das Unbewußte enthalte und manifestiere nur frühkindliche Tendenzen, die als *unpassend* verdrängt worden sind, faßte Jung das Unbewußte als etwas auf, das eine viel größere Bildwelt in sich birgt. Freud sah in der Traumdeutung ein wichtiges Mittel, um Neurosen aufzudecken, während Jung den Traum als eine Form der Kommunikation zwischen Bewußtsein und Unbewußtem ansah: ›... da ich glaubte, daß dieser etwas Bestimmtes ausdrückte, was das Unbewußte zu sagen versuchte‹.[19] Er stellte auch fest, daß es nicht richtig war, bestimmte sexuelle Motive wie Phallus oder Brust in Träumen zu identifizieren, sondern daß zu fragen sei, warum bestimmte Bilder erscheinen. So begann er die metaphysische Bedeutung der Bilder zu sehen:

Ein Mann träumt, er stecke einen Schlüssel in ein Schlüsselloch, schwinge einen schweren Stock oder ramme eine Tür mit einem Sturmbock auf. Jedes dieser Bilder kann als sexuelle Allegorie angesehen werden. Aber die Tatsache, daß sein Unbewußtes aus gewissen Gründen eines dieser spezifischen Bilder ausgewählt hat – es kann der Schlüssel, der Stock oder die Ramme sein –, ist von besonderer Bedeutung. Die eigentliche Aufgabe besteht darin, herauszufinden, warum der Schlüssel dem Stock oder der Stock dem Rammbock vorgezogen worden ist. Und manchmal kann das zu der Entdeckung führen, daß gar nicht der Geschlechtsakt, sondern ein ganz anderes psychologisches Thema gemeint ist.[20]

Jungs Forschungen führten ihn zu dem Schluß, daß solche Träume Aspekte der Persönlichkeit kompensierten, die nicht im Gleichgewicht waren. Er glaubte auch, daß bestimmte Motive aus einem universellen Bereich der Psyche und nicht vom einzelnen Ich stammten. Es war das *kollektive Unbewußte,* in dem er die mythologischen Prozesse angesiedelt fand. Sie offenbarten sich in der Form religiöser Symbole, und die Vermutung des Gläubigen, der Ursprung der Symbole liege so tief im Geheimnis der Vergangenheit begraben, daß sie aus keiner menschlichen Quelle zu stammen scheinen, ist richtig. Er betrachtete sie als *kollektive Vorstellungen,* die auf frühesten Menschheitsträumen und schöpferischen Fantasien beruhen. Als solche sind diese Bilder spontane Erscheinungen und keineswegs willkürliche Erfindungen.[21]

Er gab ein Beispiel, wie sich so ein Urbild, ein *Archetyp* formt:

> Eine der gewöhnlichsten und zugleich eindrucksvollsten Erfahrungen ist der tägliche scheinbare Sonnenlauf. Wir vermögen allerdings im Unbewußten nichts davon zu entdecken, soweit es sich um den uns bekannten physischen Vorgang handelt. Dagegen finden wir den Sonnenheldenmythos in allen seinen zahllosen Abwandlungen.[22]

Er war ebenfalls von der Tatsache beeindruckt, daß der Archetyp in Träumen und Visionen unabhängig vom Betrachter zu handeln schien:

> Der Geist tritt psychologisch auf als ein persönliches Wesen von bisweilen visionärer Deutlichkeit ... Er entfaltet in seinen stärksten und unmittelbarsten Offenbarungen sogar ein eigentümlich selbständiges Leben ... welches wie das eines von uns unabhängiges Wesen empfunden wird.[23]

Während viele Kollegen Jungs glaubten, in seinen Untersuchungen gehe es nicht mehr um Psychologie, sondern um Mystik, wurden natürlich Okkultisten wie Dion Fortune, Israel Regardie und W. E. Butler von seiner Auffassung beeinflußt. Jungs Archetypen des Unbewußten bestärkten sie in der Annahme, daß der Baum des Lebens und sein System ein Gefüge archetypischer Gottheiten darstellte, die dem Magier maßgeblich helfen können, seine psychischen Prozesse im Innern harmonisch und ausgeglichen zu gestalten. Außerdem wurde die Vorstellung untermauert, daß diese Archetypen in der Meditation und den außerkörperlichen Zuständen der Trance wie Einzelwesen auftreten, wodurch der Okkultist auf seinen magischen Reisen den Gottesbildern direkt begegnen konnte. Die Magier und Jung stimmten darin überein, daß diese Begegnungen starke Eindrücke hinterlassen konnten. Jung schrieb, daß sich der Archetyp wie eine neue Idee mit elementarer Gewalt dem Bewußtsein aufdrängt.[24] Der starke Eindruck der visionären Erfahrung wurde von den Okkultisten des Golden Dawn als Initiation aufgefaßt. Das Ziel des Magiers lag vor allem in Tiphareth in der Mitte des Baumes des Lebens, was an den Sonnenhelden erinnert, von dem Jung sprach; es ist die visionäre Erfahrung der spirituellen Wiedergeburt, die mythologisch mit den Göttern des Lebens und des Lichts in Verbindung gebracht wird.

Einige Gelehrte, die von Jung beeinflußt sind und von anthropologischen und psychologischen Gesichtspunkten ausgehen, haben neue Schlaglichter auf die Zusammenhänge zwischen Mythologie und Bewußtsein geworfen. Wir haben festgestellt, daß sowohl der Schamane wie der Okkultist, der auf dem Baum des Lebens den symbolischen Wegen des Tarot folgt, in seiner Trance mythologischen Wesen begegnet, die er als real und körperlich anwesend empfindet. Wie

James Hillman schreibt, wirken die Bilder sogar auf das Subjekt ein und führen zu einer Umwandlung:

> Vom alchimistischen Psychologen lernen wir, die Bilder auf den Experimentator einwirken zu lassen. Wir lernen, das Objekt des Werks zu werden – selbst ein Objekt oder objektiviertes Bild der Einbildungskraft zu werden.[25]

In diesem Sinn wird der Magier durch die archetypischen Symbole der Psyche geformt und in das Urdrama verwickelt, das sie aufführen.

Ira Progoff, James Hillman, Stanislav Grof und andere haben den Zusammenhang zwischen Traumzustand und mythischem Bewußtsein geschildert. Der Tiefenpsychologe Progoff, der sich stark an Jung orientiert, ist der Ansicht, die mythischen Zustände werden am besten so aufgefaßt, daß sie der transpersonalen Ebene des Bewußtseins angehören, das heißt Schichten, die jenseits des normalen Ich liegen. Er schreibt:

> Im allgemeinen sind Träume jener Aspekt der symbolischen Dimension, der in einem persönlichen Rahmen erlebt wird. Wenn die symbolische Dimension in einem transpersonalen Rahmen wahrgenommen wird, in Kategorien, die mehr enthalten als die subjektive Erfahrung des Individuums, das allem Universellen im Menschen zustrebt, ob nun im Schlaf oder im wachen Zustand, dann ist der Mythos beteiligt. Der Mythos deshalb, weil hier das Elementarste im Menschen und seinem Leben berührt wird, weil der Mythos dieses symbolisch ausdrückt und eine innere Schau bietet, die uns die Ge-

heimnisse des menschlichen Lebens fühlen läßt,
uns Zugang zu ihnen verschafft.[26]

Progoff lehnt Freuds Ansicht ab, das Unbewußte enthalte nur die verdrängten Inhalte der Psyche, und neigt
eher Jungs Modell des kollektiven Unbewußten mit
seinen vielen bedeutsamen, universellen archetypischen Bildern zu. Er billigt aber auch dem Unbewußten die Möglichkeit einer Entwicklung und eines
Wachstums zu. Als *Keim der Persönlichkeit* enthält es
die *Möglichkeiten zukünftiger Erfahrung.*[27] Der Bereich des Transpersonalen bietet auch Einsichten, die
sich erst nachträglich auf den Intellekt auswirken.

Progoffs Ansichten zeigen starke Ähnlichkeiten mit
der modernen Magie und ihren Auffassungen der Psyche. Wie schon erwähnt, sehen Okkultisten wie Dion
Fortune, W. E. Butler und Israel Regardie in der magischen Reise einen Weg, der in die universell schöpferischen Bereiche der Psyche führt, zum eigentlichen Ursprung des Genies. Der Magier hat im Baum des Lebens und dessen System eine vollständige Matrix mythologischer Bilder vor sich, denen er in der Trance
begegnen kann und die er mit Hilfe der magischen
Identifizierung seinem Bewußtsein eingliedern kann.
Die heutige zeremonielle Magie mit ihrer Betonung
der Tiphareth-Initiation zielt mit ihren Methoden still-
schweigend darauf ab, in jedem Übenden den Gottmenschen hervorzurufen. Aleister Crowley schrieb in
seinem Buch *Magick:* ›Der wahre Gott ist der Mensch.
Im Menschen sind alle Dinge verborgen.‹[28] Progoff wie
Hillman betonen, daß der damit verbundene transpersonale Zustand über die Funktion des Intellekts hinausgeht, ihm sogar vorsteht. Hillman merkt an, daß
wir den Intellekt nicht zum Bild mitnehmen sollen:

›Wir versündigen uns gegen das Vorstellungsvermögen, wenn wir unser Bild nach seiner Bedeutung fragen und verlangen, daß Bilder in Begriffe übersetzt werden sollen.‹ Im Gegenteil: ›Zur Vision kann es nur kommen, wenn uns die archetypischen Personen als völlig real erscheinen.‹[29]

Diese Einstellung Hillmans gleicht im wesentlichen der Haltung des Schamanen und des Magiers der Trance. Die Verlagerung des gesteigerten Bewußtseins in den transpersonalen, mythologischen Bereich führt zu einer Reihe von bildlichen Erfahrungen, die phänomenologisch gesehen als Wahrnehmung stichhaltig und völlig überzeugend sind.

Stanislav Grof faßt in seiner *Topographie des Unbewußten* seine Ansichten über das Unbewußte zusammen, die sich auf siebzehn Jahre der Erforschung des LSDs und anderer psychedelischer Drogen stützen. Wie Progoff widmet Grof den transpersonalen Ebenen des Bewußtseins besondere Aufmerksamkeit. Er teilt sie in zwei Gruppen ein, in Ebenen, die in den Grenzen der *objektiven Realität* bleiben, und solche, die über sie hinausgehen.

Zur ersten Gruppe (zu der die zeitlichen und räumlichen Bewußtseinserweiterungen gehören) rechnet Grof auch die außerkörperliche Erfahrung, die in LSD-Sitzungen häufig auftritt:

Manche Personen erlebten sich als völlig losgelöst von ihrem physischen Körper, sie schwebten über dem Körper, beobachteten ihn von einem anderen Teil des Zimmers aus. Gelegentlich kommt es auch vor, daß die Testperson den äußeren Rahmen der Sitzung nicht mehr wahrnimmt und ihr Bewußtsein sich auf verschiedene Erfahrungsbereiche und subjektive Realitäten verlagert, die von der materiellen Wirklichkeit völlig unabhängig zu sein scheinen.[30]

Allerdings kann sich die körperliche Sichtweise in eine mythologische umwandeln. Grof berichtet als Beispiel von einer Testperson, die die ersten drei Stunden der LSD-Sitzung als fantastischen Kampf zwischen den Mächten des Lichts und der Dunkelheit erlebte, und zwar wie im alten persischen Avesta, wo der Kampf zwischen Ahura Mazda und Ahriman geschildert wird. Der Betreffende schrieb weiter:

Der Kampf wird auf allen denkbaren Ebenen ausgefochten: in den Zellen und Geweben meines Körpers, auf der Oberfläche unseres Planeten durch die ganze Geschichte hindurch, im kosmischen Raum und auf einer metaphysischen, transzendentalen Ebene.[31]

Grof sieht in jenen transpersonalen Erfahrungen, die einen mythologischen und archetypischen Inhalt zeigen, die Gruppe, die ›über den Rahmen der objektiven Realität‹ hinausgeht. Während psychedelischer Sitzungen kommt es oft zu Begegnungen mit Archetypen.

Eine Person unter der Einwirkung von LSD kann z. B. eine völlige Identifikation mit den folgenden Archetypen erfahren: dem Märtyrer, dem Flüchtling, dem Ausgestoßenen, dem erleuchteten Herrscher, dem Tyrannen, dem guten Samariter, dem alten Weisen, dem Geizhals, dem Asketen oder dem Einsiedler ... In einigen der universalen Archetypen kann sich die Testperson mit den Rollen

Mutter, Vater, Kind, Frau, Mann oder *Liebhaber* identifizieren. Viele stark universalisierte Rollen werden als heilig empfunden, wie sich an den folgenden Archetypen zeigt: die *Große Mutter,* die *Schreckliche Mutter,* die *Mutter Erde,* die *Mutter Natur,* der *Große Hermaphrodit,* der *Kosmische Mensch.*[32]

Recht interessant ist, daß sich einige dieser Bilder auch in der Mythologie des Tarot wiederfinden, nämlich der Märtyrer (der Gehängte), der erleuchtete Herrscher (der Hierophant), der Tyrann (der Wagen, Tod, Teufel), der gute Samariter (der Narr), der alte Weise (der Herrscher), der Einsiedler (der Eremit), die Große Mutter (die Herrscherin), die Schreckliche Mutter (die Gerechtigkeit), die Mutter Erde (die Kraft), und der Große Hermaphrodit (der Narr, der Teufel). Sie lassen sich als eine Reihe von mythologischen Begegnungen sehen, die der heutige Magier auf seiner Trancereise im Baum des Lebens erlebt.

Grof merkt an, daß einige seiner Testpersonen sich in den LSD-Sitzungen von mystischen Systemen angezogen fühlten:

Wir erwähnten an anderer Stelle, daß manche Patienten aufgrund von LSD-Sitzungen Einsichten in ganze Systeme esoterischen Denkens gewannen. So hatten Personen, die von der Kabbala nichts wußten, Erlebnisse, die in den Schriften Sohar und Sepher Jesirah beschrieben sind, und zeigten eine verblüffende Vertrautheit mit kabbalistischen Symbolen. Andere spielten spontan mit der transzendentalen Bedeutung von Zahlen und kamen zu Schlüssen, die eine Parallele zur pythagoreischen Algebra oder Zahlenkunde darstellten. Testpersonen, die sich zuvor über Astrologie lustig machten und eine herablassende Einstellung gegenüber der Alchimie hatten, entdeckten einen tieferen Sinn in diesen Systemen und gelangten zu einer vertieften Würdigung ihrer metaphysischen Relevanz.[33]

Ganz abgesehen von diesen Bemerkungen über die symbolischen Aspekte des Unbewußten finden wir auch in einigen der Techniken der moderen Psychotherapie deutliche Parallelen zum Schamanismus. So ist anzunehmen, daß einige der Methoden, die gegenwärtig im Bereich der *aktiven Imagination* angewendet werden, auch in Zukunft zur Erhellung der Wahrnehmungswelt des Schamanen beitragen werden.

Die Technik des Kristallsehens, welche Magier des Golden Dawn wie auch der Okkultist Edward Kelley (1555–1595) einsetzten, scheint wie der Zustand des Halbträumens zu wirken, der schon als Wachtraum, als luzider Traum erwähnt wurde. Der folgende Bericht eines frühen freudianischen Forschers erinnert an die Beobachtungen der Personen, die über Tarot und Tattvas meditierten:

Wenn ich in einem dunklen Raum die Augen geschlossen habe, erscheint vor mir eine Szene, hell wie von Tageslicht beleuchtet. Ich scheine durch die geschlossenen Lider zu blicken. Die Szene ist so real, so lebendig, so detailliert wie eine wirkliche Landschaft … einmal zeigte die Szene eine tropische Landschaft mit Palmen und einem Gewässer. Sie war deutlich und detailliert und wirkte so real, daß es mich überraschte, wie unverändert sie blieb, als ich blinzelte.[34]

Die führenden europäischen Psychotherapeuten entwickelten Techniken der aktiven Imagination, damit sich die Patienten zu therapeutischen Zwecken in visualisierte, vorgestellte Szenerien begeben können. Die Psychotherapeuten lernten:

Wie der Patient zur Entspannung angeleitet werden konnte, um sein Bewußtsein von den gewöhnlichen Inhalten zu trennen, damit sich seine Aufmerksamkeit den Bewegungen des Imaginierten zuwendete; wie ihm geholfen werden konnte, in seinen imaginären Körper zu schlüpfen, um sich in die imaginäre Szene zu begeben, sich in ihr zu bewegen, bedrohlichen Bildern zu begegnen und Affekte aufsteigen zu lassen; wie Widerstände zu erkennen waren, wie mit ihnen umzugehen war; ob der Wachtraum gedeutet und analysiert werden sollte; wie die Erfahrung des Patienten im imaginären Bereich im Zusammenhang mit anderen Aspekten seines Lebens zu sehen war.[35]

Körperliche Entspannung und willentliche Imagination, die eine Verlagerung des Bewußtseins in eine deutlich visualisierte Form mit sich bringt, sind grundlegende Techniken der Magie, die den Zustand der außerkörperlichen Erfahrung herbeiführen sollen, welche die Okkultisten Astralprojektion nennen. Wenn dieser Zustand der Dissoziation mit einem meditativen Symbol verknüpft wird, nimmt die Tranceregion eindeutig mythologische Eigenschaften an, wie im Fall der visionären Projektionen mit Hilfe von Tattvas und Tarot, die oben erwähnt wurden. Interessanterweise haben einige Psychotherapeuten Techniken der aktiven Imagination eingesetzt, die an den Abstieg und die Auffahrt des Schamanen erinnern.

Eugene Caslant brachte seinen Patienten in einem abgedunkelten Sprechzimmer bei, wie sie sich von einer imaginären Ebene zur anderen hinauf und hinunter bewegen konnten, und zwar mit Hilfe solcher Bilder wie Leiter, Treppe und fliegender Wagen. Die Betreffenden stellten sich vor, sie befänden sich in einem inneren, imaginären Raum, wagten sich in ihm weiter vor:

> Der Aufstieg brachte nicht nur ein inneres Gefühl der Erhebung mit sich, sondern wirkte sich auch auf den Charakter der Vision aus ... höhere Ebenen wurden gewöhlich im Zusammenhang mit einer angenehmen Auswirkung gesehen, während sie bei tieferen nicht so erfreulich war.[36]

Robert Desoille, ein Schüler Caslants, ermutigte seine Patienten, die imaginären archetypischen Szenen (ein Meer, eine Höhle oder die Begegnung mit einem mythischen Ungeheuer und so fort) zu betreten, bis die Angst, die von den Bildern in diesen Situationen ausgelöst wird, einfach verschwindet. Er war wie Caslant der Ansicht, daß der Aufstieg mit Wärme, langsamerer Atmung, verlangsamtem Herzschlag, mit Lichterscheinungen und Euphorie wie auch anderen *positiven* Bildern assoziiert wurde.

Damit läßt sich der Aufstieg des Magiers der Trance im Baum des Lebens oder auch die Reise in archetypische Regionen vergleichen, die transzendentale, reine Bilder mit sich bringen, welche eine Integration bewirken. Der Abstieg weist auf eine Bewegung zu einem Mythos hin, der auf einer evolutionären Stufe ist, die tiefer als der Mensch liegt (mit dem Tiermenschen zu tun hat). Die Visionen dieser Magier sind oft nach rückwärts gerichtet. Wie wir sahen, entwickelte der okkulte Künstler Austin Spare eine einmalige Technik der Herbeiführung der Trance, bei der er sich auf magische Sigillen konzentrierte und glaubte, in der Trance in Tiergestalten schlüpfen zu können, die seine eigenen früheren Inkarnationen waren. Spare glaubte durch eine Rückverfolgung dieser Reihe von Persönlichkeiten zu seiner *ersten Form* vordringen zu können, um dann in die undifferenzierte Leere des universalen Bewußtseins zu springen, die er Kia nannte. Der visionäre Stil seiner Zeichenkunst wurde zunehmend von halbmenschlichen, halbtierischen Gestalten (Satyrn, gehörnten Wesen) beherrscht, wirkte eindeutig atavistisch.[37]

Die psychotherapeutische Technik Leuners weist Ähnlichkeiten mit dem Vorgehen Spares auf, hat aber nicht das Rückwärtsgewandte, die Besessenheit des Trancekünstlers. Bei Leuner geht es darum, sich der symbolischen Vision und allen feindlichen Gestalten wie Schlange oder Bär zu stellen, die heraufsteigen mögen:

Der Patient wird weder zur Flucht noch zum Kampf ermutigt. Er wird vielmehr angewiesen, sich nicht zu rühren und zum Beispiel das Tier zu boobachten. Er sollte sich auf jede Einzelheit einlassen und sie beschreiben. Wenn der Patient auf das Tier starrt, werden seine Gefühle nicht nur neutralisiert, sondern es bietet sich dabei eine Gelegenheit, die Botschaft oder Bedeutung zu erkennen, die das Geschöpf durch sein Dasein übermittelt. Das furchterregende Tier wird vielleicht schwächer und kleiner und kann sich in ein anderes Geschöpf verwandeln – das weniger schrecklich, oft sogar freundlich ist.

Das Endergebnis der erfolgreichen Konfrontation besteht psychoanalytisch gesehen in einer Stärkung des Ich. Das Ich stellt sich der Imagination und lernt auf verschiedene Weise, wie es sie überwinden kann.[38]

Wie wir sahen, tauchen in traditionellen schamanischen Berichten ebenso wie in den Beschreibungen okkulter Trancereisen oft Bilder auf, die zu einer Umwandlung führen. Der Schamane rechnet häufig mit rituellen Prüfungen, muß oft potentiell feindliche Einflüsse abwehren, bevor er das Reich der Gottheit erreicht, die er aufsuchen will. Gewisse Bilder der Mythologie des Tarot wie der Tod und der Teufel sind ganz ähnlich eindeutig illusorischer Natur und prüfen, wie sicher sich der Magier ist. Die Technik des Magiers oder Schamanen besteht eindeutig darin, sich einem Prozeß der Umwandlung zu unterwerfen, der oft mit Zerstückelung und Wiedergeburt einhergeht, und nicht panisch zu reagieren, wenn es zu einer Erfahrung der Krise kommt.

Wolfgang Kretschmers psychotherapeutische Techniken weisen ebenfalls typische Aspekte des Schamanismus auf. Kretschmer führt seinen Patienten durch symbolische, bildliche Situationen, die in Beziehung zu spezifischen Funktionen innerhalb der Psyche stehen. In der Meditation reist der Patient:

a über eine Wiese mit frischem Gras und Blumen;
b langsam einen Berghang hinauf;
c durch einen Hain in eine Kapelle.

Kretschmer bemerkt, daß sich diese Szenen aus dem Alltäglichen in einen Symbolzusammenhang verlagern, wenn die Person den Zustand der tiefen Meditation erreicht:

> Wenn der Meditierende auf die Wiese zurückkehrt, erlebt er alles anders als in der gewöhnlichen Welt. Die Wiese ist nun eher ein Symbol der hypnotisierbaren Ebene des Bewußtseins und stimuliert die Emotion auf dieser Ebene. Das Individuum nimmt eine alltägliche Situation zu Hilfe, um den ursprünglichen Inhalt des Symbols der Wiese zu erfahren.

Das kann wiederum dazu führen, daß die Wiese als Mutter Natur oder als ›Blüte des Lebens‹ erfahren wird, und sie kann dem anderen Bild eines von Dämonen bewohnten Waldes gegenübergestellt werden. Kretschmer ist der Ansicht, daß die Form, in der die Person die Wiese imaginiert, Aspekte seiner psychischen Verfassung erkennen läßt.[34]

Die Meditation, bei der es um den Aufstieg über einen Berghang geht, ist von besonderem Interesse. Er läßt nicht nur an ein Hauptmotiv des Schamanismus denken, sondern die gleiche Erfahrung ist auch im Pfad des Tarot ›Der Eremit‹ symbolisiert, auf dem der Magier in Abgeschiedenheit langsam auf dem Baum des Lebens in die höheren Regionen reist.

Wie im Fall des Schamanen geschieht, wie Kretschmer anmerkt, folgendes:

> Der Meditierende wird im allgemeinen auf seinem Weg auf ein Symbol des Hindernisses stoßen, damit er sich bewähren kann ... das Klettern ist ein Symbol der Bewegung, mit dem der Mensch die Fähigkeit beweist, sich auf das Ziel der psychischen Frei-

heit, den Gipfel des menschlichen Daseins hin entwickeln zu können. Die Strecke durch den Wald auf dem Weg, der zum Berg hinaufführt, gibt dem Meditierenden die Möglichkeit, sich mit der dunklen, furchterregenden Seite der Natur anzufreunden.[40]

Kretschmers Symbol der Kapelle findet wiederum seine Parallele in der Höhle des Schamanen oder dem Tempel des Magiers. Sie ist der Ort des heiligen Mysteriums. Wie schon im einzelnen dargestellt, tritt der hermetische Magier in der Tiphareth-Initiation aus dem Grab des Christian Rosenkreutz hervor, ein deutlicher Bezug zum Thema der spirituellen Erneuerung.

Nach Kretschmer kann es während der Meditation zu Sublimierungen kommen. Damit meint er Umwandlung, Vergeistigung oder Vermenschlichung[41], und das erinnert uns wieder an den Schamanen, der nach seiner Reise über neue magische Kräfte und Selbstachtung verfügt, oder an den Okkultisten und seine Trance, der als Folge seines Kontakts mit den transpersonalen Archetypen *initiiert* ist.

Erklärungen der mystischen Zustände

In der Hauptsache sind zwei Theorien entstanden, die sich mit den mystischen Erfahrungen auseinandersetzen. Die erste wurde von Raymond Prince formuliert und besagt, daß diese Erfahrungen ›Regressionen im Dienste des Ich‹ seien. Die zweite steht in Zusammenhang mit der Arbeit Arthur Deikmans und beschreibt sie als ›Deautomatisationen von Funktionen des Ich‹.

Die Regressionstheorie von Prince vertritt den Standpunkt, daß mystische Zustände auftreten, wenn ein Individuum oder eine Gruppe mit einem Problem konfrontiert ist, das mit normalen Mitteln unlösbar ist. Das Ich des Einzelnen regrediert, um eine einfache Lösung für eine komplexe Situation zu finden. Prince sieht hier eine Parallele zum mystischen Gedanken der Vereinigung mit dem Kosmos, die mit einem Wohlgefühl verbunden ist. Er betrachtet diese mystische Erfahrung ›als eine Rückblende in die Zeit, als das Ich und das Andere noch nicht voneinander abgegrenzt waren, als Wiedervereinigung mit der Mutterbrust‹.[42]

Deikman ist andrerseits der Ansicht, daß der Mystiker und sein Prozeß der Meditation Aufmerksamkeitsenergie auf Aktivitäten lenkt, die automatisch geworden sind und die so wieder der Bewußtheit zugeführt werden. Neue Wahrnehmungen werden so sinnlich intensiver erlebt. Die Beschaffenheit der mystischen Erfahrung hängt vom Wesen des Stimulus ab, der die Konzentration bündelt:

Die Nachprüfung der mystischen Erfahrung bringt nicht nur ihren ungewöhnlichen Modus des Bewußtseins zum Vorschein, sondern auch die jeweiligen Stimuli, die durch diesen Modus verarbeitet werden. Die mystische Erfahrung kann beseligend, satanisch, offenbarend oder psychotisch sein, was mit den vorherrschenden Stimuli zusammenhängt ... Das verfügbare wissenschaftliche Material scheint die Ansicht zu stützen, daß die mystische Erfahrung ein Erleben der inneren Wahrnehmung ist, eine Erfahrung, die ekstatisch, tief oder therapeutisch sein kann, und zwar aus rein inneren Gründen.[43]

Deikmans Theorie kann anscheinend mehr zur Erhellung der schamanischen Erfahrung beitragen als die von Prince. Prince legt den Akzent auf die Mystik der frommen Hingebung, zu deren Überzeugungsstruktur vor allem Liebe und Kontemplation gehören, und das daraus folgende Gefühl des *Einsseins* wird von den Gläubigen stets mit subjektiven und vereinfachenden Begriffen beschrieben, die in gewissem Maß die Schlüsse von Prince rechtfertigen. In der mystischen Suche des Schamanen ist allerdings viel weniger Sicherheit zu finden. Er sieht sich der Zerstückelung und Umwandlung ausgesetzt und gewinnt die magischen Kräfte erst nach rituellen Prüfungen. Im Fall des Okkultisten, der sich in der Trance auf die Mythologie des Tarot bezieht, wird die höchste Erfahrung oben auf dem Baum des Lebens im Bild des Hermaphroditen (der die Vereinigung der sexuellen Polarität symbolisiert) dargestellt, der vom Berggipfel in die Leerheit der totalen Auflösung eingeht. Das Bild der Großen Mutter findet sich andererseits tiefer auf dem Baum in der Gestalt der Herrscherin.

Deikmans Theorie wird von der Tatsache gestützt, daß die Okkultisten in der Trance visionäre Erfahrungen haben, die eindeutig von dem Symbol ausgehen, auf das sie sich konzentrieren, ob es sich dabei nun um Tattva, eine Tarotkarte, ein henochisches Quadrat oder ein vergleichbares Symbol der Wegbahnung handelt. Wie Deikman zeigt, kann die Erfahrung verschiedene Formen annehmen, in denen sich die innere psychische Verfassung des Betreffenden spiegelt.

Interessantes zusätzliches Material findet sich bei Ronald Siegel in einem kürzlich erschienen Artikel über Halluzinationen.[44] Er stellt fest, daß ›Halluzinationen durch emotionale und andere Faktoren wie

Drogen, Alkohol und Streß hervorgerufen werden können, daß sie in jedem Bereich der Sinne auftreten‹. Heinrich Kluver führte 1926 an der University of Chicago eine Reihe von Experimenten mit dem Peyote-Kaktus Lophophora Williamsii durch, der bei den Huichol und Tarahumaros in Verbindung mit schamanischen Praktiken eingesetzt wird. Zu den psychedelischen Bildern, die auftraten, gehörten auch gitterförmige, durchbrochene Muster, Spinnweben, Tunnel, Trichter und von Bäumen gesäumte Wege, Spiralen.

Siegel schreibt: ›Während der Gipfelperioden der Halluzinationen sagten die Personen häufig, sie seien Teil der Bildwelt geworden. Dann benützten sie in ihren Berichten keine Vergleiche mehr und versicherten, die Bilder seien real …‹ Die Testpersonen berichteten häufig, daß sie sich von ihren Körpern getrennt fühlten. Siegel kommt zum selben Schluß wie Deikman, daß die Erfahrungen vor allem das Ergebnis innerer Prozesse sind: ›Halluzinationen sind Bilder, die im Hirn gespeichert sind.‹[45]

Die Thematik der Trennung vom Körper, der Dissoziation und der anderen Erfahrungswirklichkeiten haben wir schon im Schamanismus wie in der modernen Magie der Trance kennengelernt. Wie Deikman, Ornstein, Hillman, Tart und Grof zeigen, kommt es dabei wesentlich auf die Art und Weise an, wie die Aufmerksamkeit im veränderten Bewußtseinszustand gelenkt wird. Im Schamanismus geht es offenbar um Techniken, die das Bewußtsein in zutiefst transpersonale Regionen der Psyche führen. Die sich daraus ergebenden visionären Erfahrungen sind durch kulturelle Faktoren beeinflußt, die überhaupt erst den Kontext wie den *Stimulus* für die Trancereise bereitstellen. Zusätzlich wäre es wichtig, zu überlegen, in welchem Maß sich das jeweilige Überzeugungssystem des Magiers im veränderten Zustand auswirkt. Interessante Einsichten in diesen Prozeß gibt uns der bekannte Neurophysiologe John Lilly, der im Institute of Mental Health in Bethesda, Maryland, eine Reihe von Experimenten mit der sensorischen Deprivation in einem eigens angefertigten Tank durchführte. Lilly trieb mit einer speziellen Atemvorrichtung in körperwarmem Wasser, war völlig allein und im Dunkeln und erlebte Schwerelosigkeit und gesteigerte innere Bewußtheit. Er schreibt:

Ich ging durch traumähnliche Zustände, durch tranceähnliche Zustände, durch mystische Zustände. In allen diesen Zuständen war ich völlig in Ordnung, war gesammelt und da.[47]

Lilly nahm auch LSD-25 in geeigneter Umgebung mit einer Kollegin als Führerin und entdeckte, daß sich die religiöse Prägung seiner Jugend in einer Vision manifestierte. Er erlebte den ekstatischen Flug der Seele, sah Engel, begegnete einem alten, patriarchalen Gott, der auf seinem Thron saß.

Mit der Musik gelangte ich in den Himmel. Ich sah Gott auf seinem riesigen Thron sitzen, als einen gigantischen, weisen, uralten Mann. Er war von den Chören der Engel umgeben, von den Cherubim und Seraphim, und die Heiligen zogen in einer würdevollen Prozession an seinem Thron vorbei. Ich war im Himmel, betete Gott an, betete die Engel an, betete die Heiligen an im vollkommenen Hingerissensein der religiösen Ekstase.[48]

Nach Ansicht Lillys sind derartige visionäre Erfahrungen eine direkte Manifestation der Überzeugungs-Programmierung, die in der Folge kultureller Strukturen in den *menschlichen Biocomputer* eingegeben wurde. Überzeugungen können im veränderten Zustand Hindernisse oder Offenbarungen sein.

1970–71 lernte John Lilly bei Oscar Ichazo, einem chilenischen Mystiker, der in Arica lebte. Lilly entwickelte ein System, in dem seiner Meinung nach die Bewußtseinsebenen einiger der großen Religionen darzustellen waren. Er hielt sich an Ichazos System, das wiederum auf den russischen Lehrer Gurdjieff zurückging, und teilte das menschliche Bewußtsein in Schwingungsebenen ein, von einem tief deprimierten und *bösen* Zustand bis zu einem transzendentalen der Vereinigung mit dem *universalen Geist.* Er setzte die mehr positiven Ebenen mit den indischen Chakras gleich. Das *Christus-Bewußtsein* lokalisierte er in der Brust über dem Herzen, identifizierte es mit Liebe und Gnade in einem gesellschaftlichen und körperlichen Kontext, während das *Buddha-Bewußtsein* im Kopf liegt und mit dem Vermögen des Mystikers zur Hellsicht gleichgesetzt wird. Lilly beschreibt den höchsten geistigen Zustand als klassisches Satori – Verschmelzen mit Gott, Geist, Energie und der Leere. Was Lilly mit diesem System zeigt, läßt sich gut mit den überlieferten Anschauungen der Magier vergleichen, die in den Modellen von Makrokosmos und Mikrokosmos zusammengefaßt wurden, vor allem mit der Ansicht, daß der Mensch sinnbildlich gesprochen das gesamte Universum in sich trägt. Die völlige mystische Verwirklichung schafft den vollkommenen Menschen, den die Kabbalisten Adam Kadmon nannten. Der Gottmensch, für den hier Christus steht, wird mit der zentralen, auf halbem Wege liegenden Stufe des Herzens gleichgesetzt, während das volle kosmische Bewußtsein keine symbolischen Entsprechungen mehr hat, ein ganz und gar unaussprechlicher Zustand des transzendentalen, spirituellen Wissens ist.

Lillys Anschauungen stellen in mancherlei Hinsicht eine andere Art von Mystik dar, die der empirischen Untersuchung nicht mehr zugänglich zu sein scheint. Interessant ist, daß die Übenden des Zen und des Yoga, deren EEGs während der Meditationssitzungen aufgezeichnet wurden, die Satori/Samadhi-Zustände des Bewußtseins erreichen wollten. So sind wir jetzt in gewissem Umfang in der Lage, mystische Bewußtseinsebenen mit Mustern physiologischer Gehirnwellen zusammenzubringen. Wir sind nicht mehr allein auf die subjektiven Berichte über die visionäre Erfahrung angewiesen. Lillys System entwickelt auch den Gedanken, daß unterschiedliche Religionen in ihren Anhängern auch verschiedene *Bewußtseins-Effekte* hervorrufen, was ebenfalls bedeutet, daß mit der Kultur verknüpfte symbolische Ebenen der religiösen Wahrnehmung wichtiger als Jungs Suche nach inhärenten Archetypen sind. Lilly betont die Bestandteile innerhalb eines *Überzeugungsprogramms*, da sie sich im veränderten Bewußtseinszustand tatsächlich manifestieren. Wenn dieser Inhalt wie zum Beispiel die Erwartung des Schamanen, umgewandelt zu werden, kulturell verstärkt ist, wird er im Trancezustand zur Erfahrungsrealität. Lillys Haltung ergänzt Deikmans Standpunkt, daß der Stimulus (oder Überzeugungs-Input) direkt auf Beschaffenheit und Stärke der mystischen Erfahrung einwirkt. Claude Lévi-Strauss hält die Wechselbeziehung zwischen Überzeugung und

Bewußtsein und dem kulturellen Umfeld, aus dem sie sich herleiten, ebenfalls für wichtig:

> Mythen sind bezeichnend für den Geist, der sie dadurch entwickelt, daß er die Welt heranzieht, von der er selbst ein Teil ist. So gibt es gleichzeitig die Schaffung der Mythen durch den Geist, der sie erzeugt, und durch die Mythen selbst, wobei ein Bild der Welt entsteht, das schon der Struktur des Geistes inhärent ist.[49]

Anhang B
Die wichtigsten ›mythologischen Entsprechungen‹ in der westlichen Magie

	KABBALA	GRIECHISCH	RÖMISCH	ÄGYPTISCH
Ursprung	Kether (Ehejeh)	Kronos	Saturn	Ptah (Memphis) Atum-Ra (Heliopolis) Amon (Theben) Thoth
Vater	Chokmah (Jehovah)			
Mutter	Binah (Jehovah, Elohim)	Rhea	Rhea	Isis
Demiurg (Vermittelnde Gottheit)	Chesed (El)	Zeus (Hera, Demeter) Poseidon (Amphitrite)	Jupiter (Juno) Neptun (Amphitrite)	Ra
	Geburah (Elohim Gebor)	Ares	Mars	Horus (Krieger)
Sohn	Tiphareth (Jehovah Eloah Va Daath)	Helios-Apollo, Dionysos	Apollo	Osiris
	Netzach (Jehovah Sabaoth)	Aphrodite	Venus	Hathor
	Hod (Elohim Sabaoth)	Hermes	Merkur	Anubis
	Jesod (Schaddai El Chai)	Hekate, Artemis	Diana	Bast
Tochter	Malkuth (Adonai ha Arez)	Persephone	Proserpina	Geb

Anmerkungen

1   Die Welt des Schamanen

1 M. Eliade, *Schamanismus*, S. 15.
2 C. Blacker, *The Catalpa Bow*, S. 204.
3 Ebenda, S. 207.
4 M. Harner, *The Jivaro*, S. 154.
5 A. P. Elkin, *Aboriginal Men of High Degree*, 2. Aufl. S. 82.
6 Ebenda, S. S4 f.
7 Henry Munn, in: M. Harner (Hrsg.), *Hallucinogens and Shamanism*, S. 100.
8 Offensichtlich haben die Mazateca-Indianer das christliche Pantheon übernommen, und Jesus und die Jungfrau Maria verfügen über magische Heilkraft. Eine schamanische Anrufung dieser Kraft wird sich also als wirksam erweisen. Ähnliches findet sich in dem koptischen Kodex, den die Okkultistin Florence Farr unter dem Titel *Egyptian Magic* übersetzt hat. Die äthiopischen Gnostiker sahen Jesus als magische Autorität, die Zugang zu den höchsten und unergründlichsten Bereichen des Kosmos hat. So forschten sie nach seinen verborgenen initiatorischen Namen, um den Zugang zu seiner Quelle spiritueller Kraft zu finden. Vgl. auch N. Drury, *The Path of the Chameleon*.
9 G. Reichel-Dolmatoff, in: M. Harner (Hrsg.), *Hallucinogens and Shamanism*, S. 166.
10 G. Vasilevich, *Early concepts about the universe among the Evenks*, in: H. N. Michael (Hrsg.), *Studies in Siberian Shamanism*, S. 74.
11 Ebenda, S. 72.
12 A. F. Anisimov, *Cosmological concepts of the people of the north*, in: H. N. Michael (Hrsg.), a.a.O., S. 161.
13 Ebenda, S. 161.
14 Hier ist anzumerken, daß solche Tricks nicht nur einfach

eine Täuschung darstellen. Sie werden als greifbare Manifestation eines nicht greifbaren Kausalzusammenhangs gesehen. A. P. Elkin bemerkt, wenn bei einer Haltung der Ureinwohner Australiens Tricks angewandt werden, so scheinen sie notwendig, weil sie zeigen, daß die Zauberheilung tatsächlich durchgeführt wurde. (Elkin, a.a.O., S.7.)

15 Vasilevich, a.a.O., S. 59.
16 Eliade, a.a.O., S. 125.
17 Ebenda. S. 254.
18 Blacker, a.a.O., S. 23.
19 Eliade, a.a.O., S. 149.
20 S. Larsen, *The Shaman's Doorway*, S. 70.
21 B. M. Du Troit (Hrsg.), *Drugs, Rituals and Altered States of Consciousness*, S. 19. Die Geisterwelt des Voodoo wird sehr real. A. Metraux, *Voodoo in Haiti*, S. 215, gibt Einzelheiten eines Ehevertrags an, in dem die mystische Vereinigung einer Frau mit ihrem Geist festgehalten ist.
22 G. M. Weil (Hrsg.), *The Psychedelic Reader*. S. 90.
23 Im folgenden eine kurze Zusammenfassung der wichtigsten Wirkungen dieser Halluzinogene:

Banisteriopsis

Der wichtigste Bestandteil von Yage, Caapi und Ayahuasca ist Banisteriopsis, der die Alkalaide Harmin, Harmalin und D-Tetrahydroharmin enthält. ›Banisteriopsis wird bezeichnenderweise von den südamerikanischen Schamanen des tropischen Urwalds eingenommen, die die übernatürliche Welt sehen und den übernatürlichen Wesen begegnen wollen, um deren Verhalten zu beeinflussen …‹ (Harner, a.a.O., S. 5.)

Die Hauptmotive, die kulturell mit der Droge verbunden sind, faßt er wie folgt zusammen: a. das Gefühl der Trennung von Seele und Körper, b. Visionen von Raubtieren, c. Kontakt mit dem Übernatürlichen, himmlische und höllische Zustände, d. Visionen ferner Orte und Menschen, e. Visionen, die Ereignisse wie Diebstähle und geheimnisvolle Morde aufklären (S. 172 f.). Einige davon stehen in einem Zusammenhang. Die sogenannte außerkörperliche Erfahrung bringt das Gefühl des Fliegens, kann aber auch

zu visionären und symbolischen Erfahrungen führen (vgl.
R. Monroe, *Der Mann mit den zwei Leben, Reisen außerhalb des Körpers* und ähnliche Literatur in der Bibliographie).

Datura

Datura gehört zu den Nachtschattengewächsen, mit den zwei krautigen Arten D. meteloides und D. inoxia, die beide in der Magie verwendet werden. Gewöhnlich werden die zerstoßenen Samen des Stechapfels (Datura) dem einheimischen Bier beigemischt und getrunken. Dem Rausch folgt gewöhnlich tiefer Schlaf, in dem es zu lebhaften Halluzinationen kommt. Jivaro-Schamanen nutzen die Erfahrung, um Krankheiten zu diagnostizieren und Diebstähle aufzuklären. In Mexiko ist Datura allgemein als Toloache bekannt, und im Südwesten der USA heißt D. meteloides Jimson Weed. Die wichtigste aktive Substanz der Pflanze ist Scopolamin, eine Droge, die mit Kokain und Atropin zur selben Gruppe von Chemikalien gehört, wenn auch die Wirkung verschieden ist. Scopolamin läßt die Schleimhäute von Nase, Mund und Rachen austrocknen, und in mittleren bis hohen Dosen bewirkt es Halluzinationen, die bis zu drei Tage dauern können. Sie können sowohl optisch wie akustisch sein und führen oft dazu, daß die Person sich mit imaginären Wesen unterhält.

Meskal-Bohnen

Nicht zu verwechseln mit dem *Meskalknopf des* Peyotekaktus (Lophophora Williamsii) sind diese sogenannten Meskal-Bohnen die dunkelroten Samen eines Strauches, Sophora secundiflora, und die halluzinogene Wirkung beruht auf dem Cytisin, einem hochgiftigen, kristallinen Alkaloid, das zu Übelkeit und tödlichem Atemstillstand führt. Die Prärie-Indianer machten ausgiebig Gebrauch von der Droge, um bei ihrem *Rote-Bohnen-Tanz* visionäre Initiationserlebnisse hervorzurufen, außerdem wurde sie zur Weissagung herangezogen. In letzter Zeit wird sie im Rahmen der Indianer-Kultur kaum noch benutzt. Die Kiowa und Komantschen setzen sie noch bei Zeremonien ein. Die Meskal-Bohnen wurden größtenteils durch den aufregenderen und weniger gefährlichen Peyotekaktus ersetzt.

Mexikanische Trichterwinde

Die Trichterwinde, die in Mexiko Ololiuhqui heißt und früher mit Datura verwechselt wurde, liefert Samenkörner, wobei heute bekannt ist, daß nur zwei Arten halluzinogen wirken: Rivea corymbosa (mit blauvioletter Blüte) und Ipomoea violacea (die weiß blüht). Wenn die Samen ganz geschluckt werden, entfalten sie keine Wirkung, doch zerstoßen oder pulverisiert erzeugen sie Halluzinationen, die denen des LSD gleichen, aber nicht so lange dauern. Es tauchen leuchtende Farben und Muster auf, auch das Gefühl, ferne Gegenstände sehen zu können. 1960 identifizierte Albert Hofmann die aktiven Bestandteile als die Amide der Lysergsäure und der D-Lysergsäure, Chanoclavin und Clymoclavin, Wirkstoffe, die sich auch im Mutterkorn (Claviceps purpurea) finden und so direkt mit dem synthetisch hergestellten LSD verwandt sind.

Peyotekaktus

Der Kaktus trägt den wissenschaftlichen Namen Lophophora Williamsii, und die Huichol-lndianer gehen im ersten Frühling nach der Regenzeit auf eine rituelle Jagd nach dieser heiligen Pflanze. Bei Peyote-Zeremonien verzehren die Indianer gewöhnlich vier bis zwanzig *Knöpfe* (Buttons), und zwar immer nachts, nie bei Tag. Zunächst bewirkt Peyote Übelkeit und Erbrechen, aber eine Stunde später fühlt man sich erfrischt. Farben und Klänge werden intensiver, und es kommt zu Halluzinationen, und Bewußtheit und Wahrnehmung sind gesteigert. Nach drei bis vier Stunden wird die visuelle Erregung von einer inneren Rückschau abgelöst, und nach acht bis zwölf Stunden wird die Person sehr müde und schläft ein. Nach Schultes macht Peyote nicht süchtig (R. E. Schultes, *Botanical sources of New World narcotics*, in: Weil. a.a.O., S. 101). Es enthält acht Isochinolin-Alkaloide, zu denen auch Meskalin gehört, das lebhafte Halluzinationen auslost.

Psilocybe mexicana

Der wichtige halluzinogene Pilz Psilocybe mexicana, der

191

vor allem in Oaxaca gefunden wird, wurde von Albert Hofmann und R. G. Wasson erforscht, der entdeckte, daß eine Heilerin der Mazateca-Indianer mit Namen Maria Sabina ihn bei Geistheilungen einsetzte. Der Pilz wird auch von Zauberern der Mazateca-Indianer verwendet, und nach Henry Munn (M. Harner [Hrsg.], *Hallucinogens and Shamanism. S.* 88) läßt er die Menschen, die ihn einnehmen, in begeistertes Sprechen verfallen. Der Pilzrausch führt zu einer gesteigerten Bewußtheit übernatürlicher Wesen wie der *laa* (Gnomen der Mazateca-Indianer), aber auch zu starken, bunten Halluzinationen. Auf eine anfängliche Entspannung der Muskeln folgt ein Gefühl der Frische, das von Halluzinationen abgelöst wird, die sowohl optisch wie akustisch sein können. Die Person fühlt sich vielleicht isoliert und ist der Umgebung gegenüber gleichgültig, die ihr immer unwirklicher erscheint. Der visionäre Zustand führt ihr eine *bezaubernde* Wirklichkeit vor. Hofmann stellte Psilocybin, den Wirkstoff des Pilzes, synthetisch her, der klinisch auf seine Möglichkeiten in der Psychiatrie und Therapie untersucht wurde.

24 Harner. *Hallucinogens and Shamanism.* S. 155.
25 Ebenda. S. 167.
26 P. Furst (Hrsg.). *Flesh of Cods.* S. 93.
27 Ebenda. S. 103.
28 Das Wort *phasmata* wird von Plato in seinem *Phaidros* verwendet.
29 R. G. Wasson, *Der Weg nach Elensis,* S. 37.
30 Ebenda, S. 37.
31 In einem Artikel wurde kürzlich die Frage aufgeworfen, ob bei der Salemer Hexenverfolgung von 1692 nicht auch eine Mutterkornvergiftung mit im Spiel war (Linda R. Caporael, *Ergotism: the Satan loosed in Salem?* in: Science 192.): einige Personen, die möglicherweise durch Mutterkorn auf Roggen vergiftet waren, zeigten Symptome wie Veitstanz, daneben auch halluzinatorische Erfahrungen und Visionen von Geisterwesen. Ein Opfer berichtet von einer Begegnung mit einem Wesen, dessen Gesicht an einen Affen erinnerte und das Hahnenfüße hatte, aber eben doch wie ein Mensch aussah (›Das Ding sprach mit mir …‹). Andere sprachen von hexenartigen

Dämonen. Bei den Prozessen wurde oft von Wahrneh-
mungsstörungen, Hautjucken, Zuckungen und Muskel-
verkrampfungen gesprochen. Caporael weist darauf hin,
daß die Halluzinationen zweifellos durch Umweltfakto-
ren beeinflußt waren. Besonders interessant bei einem
Vergleich der Salemer Hexenverfolgung mit den Eleusinischen Mysterien ist, daß in beiden Fällen die Geisterwesen, die in den Halluzinationen gesehen wurden, offenbar für völlig real gehalten wurden.

32 Carlos Castaneda beschreibt in seinem ersten Buch *Die
Lehren des Don Juan,* wie er sich unter dem Einfluß eines Halluzinogens in eine Vogelgestalt verwandelte. Er
hatte eine Mischung getrockneter Pilze (Psilocybe mexicana) geraucht und konnte seine Wahrnehmung so umwandeln, daß sein Kopf zu einem Krähenkörper wurde.
Aus seinem Kinn wuchsen Beine, und aus den Backen
Flügel. Er erlebte die Gewichtslosigkeit des Flugs durch
die Luft, der im traditionellen Schamanismus oft auftritt.
Diese Erfahrung ähnelt der des griechischen Schamanen
Aristeas von Prokounesos, wenn auch, soviel wir wissen,
im letzteren Fall keine Halluzinogene beteiligt waren.

33 N. Drury, *The Path of the Chameleon,* S. 113.

2 Die schamanische Trance

1 A. Bharati (Hrsg.), *The Realm of the Extra-Human,* S. 316.
2 C. Blacker, *The Catalpa Bow,* S. 23.
3 B. M. Du Toit (Hrsg.), *Drugs, Rituals and Altered States of Consciousness,* S. 9.
4 C. M. Edsman (Hrsg.), *Studies in Shamanism,* S. 76.
5 I. Lewis, *Ecstatic Religion,* S. 180.
6 M. Eliade, *Schamanismus,* S. 38.
7 Zitiert in Eliade, a.a.O., S. 41.
8 E. Arbman, *Ecstatic or Religious Trance,* S. 297.
9 Eliade. a.a.O., S. 69.
10 E. De Martino, *Magic, Primitive and Modern,* S. 132, zitiert die Tagebücher Rasmussens: K. Rasmussen, *A shaman's journey to the sea spirit,* in: W. Lessa und E. Vogt (Hrsg.), *Reader in Comparative Religion.*
11 Edsmann, a.a.O., S. 174.
12 Ebenda S. 26.
13 Rasmussen, a.a.O., in: Lessa und Vogt (Hrsg.), a.a.O., S. 390.
14 Lessa und Vogt (Hrsg.), a.a.O., S. 390.
15 Blacker, a.a.O., S.195.
16 Eliade, a.a. O., S. 97.
17 G. Vasilevich, *Early concepts about the universe among the Evenks,* in: H. N. Michael (Hrsg.). *Studies in Siberian Shamanism,* S. 58.
18 A. F. Anisimov, *Cosmological concepts of the people of the north,* in: H. N. Michael, a.a.O., S. 186.
19 Eliade, a.a.O., S. 125.
20 Ebenda, S. 48 ff.
21 Ebenda, S. 85.
22 A. P. Elkin, *Aboriginal Men of High degree,* (2. Aufl.), S. 20.
23 Ebenda, S. 142 f.
24 Ebenda, S. 143.
25 S. Larsen, *The Shaman's Doorway,* S. 195.

3 Magische Symbole und Zeremoniell

1 Vgl. Anhang B und die Beispiele für mythologische Entsprechungen.
2 I. Regardie. The Tree of Life. S. 106.
3 F. Bardon, *Die Praxis der magischen Evokation*, S. 20.
4 E. Lévi. *The Key of the mysteries*, S. 174.
5 E. A. Wallis Budge (Hrsg.). *The Bandlet of Righteousness S.* 3.
6 Ebenda, S. 4.
7 Ebenda. S. 5.
8 Temurah ist die traditionelle kabbalistische Technik, die die Stelle eines Buchstabens in einem Wort verändert, um ein neues Wort zu schaffen, das sich symbolisch auf das ursprüngliche bezieht. Sie wurde oft eingesetzt, um geheime kabbalistische Namen zu verschlüsseln, vor allem Namen, die sich auf Gott bezogen. Gottesnamen, die sich auf Grund der Temurah gleichen, zeigen verschiedene Aspekte derselben transzendentalen Wirklichkeit.
9 A. Crowley, *Book Four*. S. 42.
10 D. Fortune. *Applied Magic*. S. 56 f.
11 Crowley, a. a. O., S. 46.
12 Beispiele in der Liste jüdischer Gottesnamen im Anhang B.
13 Crowley, a. a. O., S. 23.
14 Ebenda, S. 122.
15 Das Henochbuch und frühe Formen der Merkhabah-Mystik zeigen eine Mythologie, in deren Mittelpunkt die Throne und eine Reihe von Emanationen der Gottheit stehen. Vgl. Gershom Scholem, *Major Trends in Jewish Mysticism*.

4 Techniken der magischen Trance

1 F. King (Hrsg.), *Astral projection, magic and alchemy*, S. 73f.

2 Celia Green berichtet in ihrer Untersuchung *Out of the Body Experiences*, daß Personen, die Projektionen erlebt haben wollten, nur selten von einer Schnur sprachen, die den Astralleib mit dem Körper verbindet. Nur 3,5 Prozent fühlten sich so verbunden (S. 122). Peter Bicknell untersuchte in Australien 200 Personen und fand, daß nur ein Prozent diese Behauptung aufstellte (N. Drury und G. G. Tillett. *Other Temples, Other Gods*, S. 161).

3 King, a.a.O.

4 Ebenda. S. 69.

5 N. Drury, *Don Juan, Mescalito and Modern Magic*, S. 37.

6 King, a.a.O., S. 83.

7 Jod ist der heilige erste Buchstabe des kabb. Namen Gottes JHVH.

8 King, a.a.O., S. 82 ff.

9 Vgl. Israel Regardies Einführung zu Aleister Crowleys *The Vision and the Voice*.

10 Crowley, *The Vision and the Voice*, S. 57 ff.

11 Ebenda. S. 61.

12 Ebenda, S. 61 f.

13 Ebenda. S. 199–201.

14 Ebenda, S. 199.

15 Ebenda. S. 201.

16 G. Knight, *A Practical Guide to Qabalistic Symbolism*, Bd. 2, S. 66 f.

17 Vgl. Joan Halifax. *Die andere Wirklichkeit der Schamanen.*

18 Knight, a.a.O., Bd. 2, S. 115.

19 P. Case, *The Tarot.* S.123.

20 King, a.a.O., S. 66.

21 Ebenda. S. 67.

22 Hinweise auf innere Ebenen und ihre Ordnungen ritueller Fähigkeiten im Golden Dwan.

23 King, a.a.O., S. 58 f.

5 Neue Strömungen: Vom Wiederaufstieg des Atavistischen zum Inneren Licht

1 Nach Kenneth Grant trat Spare dem Argenteum Astrum am 10. Juli 1910 bei (K. Grant, *Images and Oracles of Austin Osman Spare*, S.7).
2 A. Spare, *The Book of Pleasure*, S. 47.
3 K. Grant, zitiert in: N. Drury und S. Skinner. *The Search for Abraxas*, S. 66.
4 Spare, a.a.O., S. 53.
5 K. Grant, *The Magical Revival*. S. 188.
6 K. Grant, *Images and Oracles of Austin Osman spare*, S. 73.
7 Grant, *The Magical Revival*, S. 201.
8 Grant, *Images and Oracles of Austin Osman Spare*, S. 33.
9 Ebenda, S. 44
10 A. Spare, *Focus on Life*, S. 35.
11 Ebenda.
12 E. Steinbrecher, *The Guide Meditation*, S. 30.
13 Ebenda. S. 48.
14 Ebenda. S. 69.
15 Ebenda, S. 54f.
16 Ebenda, S. 58.
17 F. P. D., *The Old Religion*, in: Basil Wilby (Hrsg.), *New Dimensions Red Book*.
18 Ebenda, S. 47.
19 Ebenda, S. 49.
20 Ebenda, S. 78.
21 D. Ashcroft. Nowicki, *Highways of the Mind*, in: *Round Merlin's Table*, Nr. 50, S. 14 f.
22 *Round Merlin's Table*, Nr. 53, S. 5 f.

Nachschrift: Weshalb der Schamane?

1 J. Campell (Hrsg.), *Myths, Dreams and Religion*, S. 114.

Anhang A: Schamanismus, Magie und die Erforschung des Bewußtseins

1 J. H. Leuba, *Die Psychologie der religiösen Mystik*, S. 1.
2 E. Underhill, *Mystik*, S. 96.
3 J. Ehrenwald, *The ESP Experience*, S. 159.
4 H. Whitehead, *Reasonably fantastic: Some perspectives on Scientology, science fiction, and occultism*, in: I. Zaretsky und M. Leone (Hrsg.), *Religious Movements in Contemporary America*, S. 564.
5 P. Lee, *Symposium on Consciousness*, S. 91.
6 Ebenda, S. 114.
7 Die allgemein anerkannte Einteilung der Gehirntätigkeit ist wie folgt: Alphawellen haben eine Frequenz von 8–13 Schwingungen pro Sekunde und zeigen einen Zustand tiefer Konzentration an. Betawellen treten beim regen, wachen Bewußtsein auf und schwingen mit etwa 13 Hertz. Thetawellen treten bei Schläfrigkeit und kurz vor dem Schlaf auf. Sie schwingen mit etwa 4–7 Hertz. Deltawellen treten im Tiefschlaf auf und schwingen mit 0–4 Hertz. Einige Psychologen wie R. E. Ornstein sehen einen engen Zusammenhang zwischen der mystischen Meditation und den Alphawellen.
8 C. Martindale, *What makes creative people different*, in: P. Whitten, *Being Human today – Psychological Perspectives*, S. 46.
9 C. Tart (Hrsg.), *Altered States of Consciousness*, S. 501.
10 Ebenda, S. 503 f.
11 Ebenda, S. 248.
12 R. E. Ornstein, *Die Psychologie des Bewußtseins*, S. 60 ff.
13 Ebenda, S. 118 f.
14 Ebenda, S. 133.
15 Ebenda, S. 158.
16 Lee, a.a.O., S. 23.
17 W. B. Yeats, *Mythologies*, S. 288.
18 Lee, a.a.O., S. 40.
19 C. G. Jung, *Der Mensch und seine Symbole*, S. 27.
20 Ebenda, S. 28 f.
21 Ebenda, S. 55.

22 C. G. Jung, *Zwei Schriften über analytische Psychologie*
S. 75.
23 Vgl. C. G. Jung, *Geist und Leben,* S. 381.
24 C. G. Jung, *Zwei Schriften,* S. 73.
25 J. Hillmann, *Revisioning Psychology,* S. 40.
26 J. Campbell (Hrsg.), *Myths, Dreams and Religion,* S. 177.
27 Ebenda, S. 181.
28 A. Crowley, *Magick,* S. 153.
29 Hillmann, a.a.O., S. 39, 42.
30 S. Grof, *Topographie des Unbewußten,* S. 208 f.
31 Ebenda, S. 209.
32 Ebenda, S. 221.
33 Ebenda, S. 223 f.
34 M. Watkins, *Waking Dreams,* S. 52.
35 Ebenda.
36 Ebenda, S. 58.
37 N. Drury und S. Skinner, *The Search for Abraxas,*
S. 49 –71.
38 Watkins, a.a.O., S. 66.
39 Tart, *Altered States of Consciousness,* S. 43.
40 Ebenda, S. 222.
41 Ebenda.
42 I. Zaretsky und M. Leone, a.a.O., S. 257.
43 Tart, a.a.O., S. 43.
44 R. Siegel, *Hallucinations, Scientific American,* Oktober
1977, S. 132, 140.
45 Ebenda, S. 140.
46 J. Lilly, *Das Zentrum des Zyklons,* S. 49.
47 Ebenda, S. 51.
48 Ebenda, S. 20.
49 C. Lévi-Strauss, *Das Rohe und das Gekochte,* in Mytho-
logica Bd. I, S. 341.

Bibliographie

Aaronson, B. and Osmond, H. (Hrsg.), *Psychedelics*, New York, 1970.

Anand, B. K., *Some aspects of electroencephalograph studies in Yogis*, in C. Tart (Hrsg.) *Altered States of Consciousness*, New York, 1969.

Arban, E., *Ecstasy or Religious Trance*, Bd. 1, Uppsala, 1963.

Balikci, A., *Shamanistic behaviour among the Netsilik Eskimos*, in J. Middleton (Hrsg.), *Magic, Witchcraft and Curing*, New York, 1967.

Bardon, F., Koblenz, 1962.

Bardon, F., *Die Praxis der magischen Evokation*, Graz, 1967.

Barron, F., *Hallucinogenic Drugs*, in J. L. M. McGaugh (Hrsg.), *Psychology: Readings From Scientific American*, 19.

Basilov, V., *Shamanism in Central Asia*, in A. Bharati (Hrsg.), *The Realm of Extra-Human*, The Hague, 1976.

Belo, J., *Trance in Bali*, Greenwood Press, 1977.

Bharati, A. (Hrsg.), *The Realm of the Extra-Human*, The Hague, 1976.

Blacker, C., *The Catalpa Bow*, London, 1975.

Bourguignon, E., *Cross-cultural perspectives on the religious uses of altered states of consciousness*, in I. Zaretsky and M. Leone (Hrsg.), *Religious Movements in Contemporary America*, Princeton, 1974.

Bourguignon, E., *Possession*, San Francisco, 1976.

Budge Wallis, E. A. (Hrsg.), *The Bandlet of Righteousness*, London, 1929.

Butler, W., *Magic, its Ritual Power and Purpose*, London, 1952.

Butler, W., *The Magician, his Training and Work*, London, 1959.

Butler, W., *Magic and the Qabalah*, London, 1964.

Campbell, I. (Hrsg.), *Myths, Dreams and Religion*, New York, 1970.

Case, P., *The Tarot*, New York, 1948.

Case, P., *The Book of Tokens*, Los Angeles, 1974.

Castaneda, C., *Die Lehren des Don Juan*, Frankfurt, 1987.

Castaneda, C., *Eine andere Wirklichkeit*, Frankfurt, 1986.

Castaneda, C., *Die Reise nach Ixtlan*, Frankfurt, 1986.

Castaneda, C., *Der Ring der Kraft*, Frankfurt, 1986.

Castaneda, C., *Der zweite Ring der Kraft*, Frankfurt 1986.

Chevalier, G., *The Sacred Magician*, London, 1976.

Colquhuon, I., *Sword of Wisdom*, London, 1975.

Crowley, A., *Magick in Theory and Practice*, London, 1973.

Crowley, A., *Das Buch Toth*, Sauerlach, 1983.

Crowley, A., *Book Four*, Sangreal Foundation, Dallas, 1972.

Crowley, A., *Die Vision und die Stimme*, Bergen, 1986.

De Martino, E., *Magic, Primitive and Modern*, Sydney, 1972.

De Mille, R., *Casteneda's Journey*, Santa Barbara, 1976.

De Mille, R., *The Don Juan Papers*, Santa Barbara, 1980.

Deikman, A., *Deautomatization and the mystic experience*, in C. Tart, *Altered States of Consciousness*, New York, 1969.

Deren, M., *Divine Horsemen: Voodoo Gods of Haiti*, London, 1953.

Drury, N., *The Path of the Chameleon*, London, 1973.

Drury, N., *Don Juan, Mescalito and Modern Magic*, London 1978.

Drury, N., *Inner Visions: Explorations in Magical Consciousness*, London, 1979.

Drury, N. and Skinner, S., *The Search for Abraxas*, London, 1972.

Drury, N. and Tillett, G., *Other Temples, Other Gods*, Sydney, 1980.

Du Toit. B. M. (Hrsg.) *Drugs, Rituals and Altered States of Consciousness*, Rotterdam, 1977.

Edsman. C. M. (Hrsg.), *Studies in Shamanism*, Stockholm, 1967.

Ehrenwald, J., *The ESP Experience*, New York, 1978.

Eliade, M., *Schamanismus und archaische Ekstasetechnik*, Frankfurt, 1975.

Elkin, A. P., *Aboriginal Men of High Degree,* St. Lucia, 1977.

Farr, F., *Egyptian Magic,* London, 1896.
Fortune, D., *Applied Magic,* London, 1962.
Fortune, D., *Die mystische Kabbala,* Freiburg, 1987.
Fox, O., *Astral Projection,* New York, 1962.
Freeman, D., *Shaman and Incubus, Psychoanalytic Study of Society,* 1964.
Fry, P. and Long, M., *Behind the Mechanical Mind,* Sydney, 1977.
Fuller, J., *The Magical Dilemma of Victor Neuburg,* London, 1965.

Galin, D., *The Two Modes of Consciousness and the Two Halves of the Brain,* in P. R. Lee u. a., *Symposium on Consciousness,* New York, 1977.
Ginsburg, C., *The Kabbalah,* London, 1956.
Glock, D. and Bellah, R. (Hrsg.), *The New Religious Consciousness,* Berkeley, 1976.
Goodman, F., *Shaman and priest in Yucatan pentacostalism,* in A. Bharati (Hrsg.), *The Realm of the Extra-Human,* The Hague, 1976.
Grant, K., *The Magical Revival,* London, 1972.
Grant, K., *Aleister Crowley and the Hidden God,* London, 1973.
Grant, K., *Images and Oracles of Austin Osman Spare,* London, 1975.
Green, C., *Lucid Dreams,* London, 1968.
Green, C., *Out of the Body Experiences,* New York, 1973.
Grof, S., *Topographie des Unbewußten,* Frankfurt, 1976.

Halifax, J., *Shamanic Voices,* New York, 1979.
Harner, M., *The Jivaro,* London, 1972.
Harner, M. (Hrsg.), *Hallucinogens and Shamanism,* New York, 1973.
Harner, M., *Der Weg des Schamanen,* Hamburg, 1986.
Heffern, R., *Secrets of the Mind Altering Plants of Mexico,* New York, 1974.
Hillman, J., *Revisioning Psychology,* New York, 1975.
Hitchcock, J. and Jones, R., *Spirit Possession in the Nepal Himalayas,* Warminster, 1975.

Hopper, S., *Myth, Dream and Imagination*, in J. Campbell (Hrsg.), *Myths, Dreams and Religion*, New York, 1970.

Howe, E., *The Magicians of the Golden Daw*, London, 1972.

Hultkrantz, A., *Spirit Lodge, a North American shamanistic seance*, in C. M. Edsman (Hrsg.). *Studies in Shamanism*, Stockholm, 1967.

Jung, C., *Zwei Schriften über analytische Psychologie*, Ges. Werke VII, Zürich, Stuttgart, 1964.

Jung, C., *Der Mensch und seine Symbole*, Olten, Freiburg, 1968.

Kasamatus, A. and Hirai, T., *An electroencephalograph study on the Zen meditation (Zazen)*, in C. Tart (Hrsg.), *Altered States of Consciousness*, New York, 1969.

Kieu, A., *Spirit possession in Haiti, American Journal of Psychology*, Bd. 118, 1961.

Kiev, A. (Hrsg.), *Magic, Faith and Healing*, New York, 1964.

King, F. (Hrsg.). *Astral Projection, Magic and Alchemy*, London, 1971.

King, F., *Ritual Magic in England*, London, 1971.

King, F. and Skinner, S., *Techniques of High magic*, London, 1976.

Knight, G., *A Practical Guide to Qabalistic Symbolism*, Bd. 1 und 2, Cheltenham, 1965.

Kretschmer, W., *Meditative techniques in psychotherapy*, in C. Tart (Hrsg.), *Altered States of Consciousness*, New York, 1969.

La Barre, W., *Hallacinogens and the shamanic origins of religion*, in P. Furst (Hrsg.), *Flesh of the Gods*, London, 1972.

La Vey, A., *The Satanic Bible*, New York, 1969.

La Vey, A., *Satanic Rituals*, New York, 1972.

Larsen, S., *The Shaman's Doorway*, New York, 1976.

Laurence, R. (Hrsg.), *The Book of Enoch*, London, 1883.

Lee, P. R., *Symposium on Consciousness, u. a.*, New York, 1977.

Lessa, W. and Vogt, E. (Hrsg.), *Reader in Comparative Religion*, New York, 1972.

Leuba, J. H., *Die Psychologie der religiösen Mystik*, München, 1927.

Lévi, E., *The Key of the Mysteries*, London, 1959.

Lévi Strauss, C., *The Sorcerer and his magic*, in J. Middleton, *Magic Witchcraft and Curing*, New York, 1967.

Lévi-Strauss, C., *Das Rohe und das Gekochte*, Frankfurt, 1976.

Lewis, I. M., *Ecstatic Religion*, Harmondsworth, 1971.

Lex, B., *Altered states of consciousness in northern Iroquoian ritual*, in A. Bharati (Hrsg.), *The Realm of the Extra-Human*, The Hague, 1976.

Lilly, J., *Das Zentrum des Zyklons*, Frankfurt, 1976.

Lilly, J., *Simulationen von Gott*, Basel, 1986.

MacIntosh, C., *Eliphas Levi and the French Occult Revival*, London, 1972.

Mathers, S. L., *The Sacred Magic of Abramelin the Mage*, Chicago, 1948.

Mathers, S. L., *The Kabbalah Unveiled*, London, 1887.

Mead, G. R. (Hrsg.), *Pistis Sophia*, London, 1963.

Metraux, A., *Voodoo in Haiti*, London, 1959.

Michael, H. N. (Hrsg.), *Studies in Siberian Shamanism*, Toronto, 1963.

Nachtigall, H., *The cultural historical orgin of shamanism*, in A. Bharati (Hrsg.), *The Realm of the Extra Human*, The Hague, 1976.

Nadel, S., *A study of shamanism in the Nuba mountains*, *Journal of the Royal Anthropological Institute*, 76, S. 25–37.

Noel, D. (Hrsg.), *Seeing Castaneda*, New York, 1976.

Nordland, O., *Shamanism as an experience of the unreal*, in C. M. Edsman (Hrsg.), *Studies of Shamanism*, Stockholm, 1967.

Oesterreich, T., *Possession*, New York, 1966.

Ornstein, R., *Die Psychologie des Bewußtseins*, Frankfurt, 1976.

Potapov, L., *Certain aspects of the study of Siberian shama-*

nism, in J. Hitchcock and R. Jones, *Spirit Possession in the Nepal Himalayas,* Warminster, 1975.

Prince, R., *Cocoon work: an interpretation of the concern of contemporary youth with the mystical,* in I. Zaretsky and M. Leone (Hrsg.), *Religious Movements in Contemporary America,* Princeton 1974.

Regardie, I., *The Art and Meaning of Magic,* Cheltenham, 1964.

Regardie, I., *The Garden of Pomegranates,* St. Paul, Minnesota, 1970.

Reichel-Dolmatoff, G., *The cultural context of an Aboriginal hallacinogen: Banisteriopsis Caapi,* in P. Furst (Hrsg.), *Flesh of the Gods,* London, 1972.

Reinhard, J., *Shamanism and spirit possession,* in J. Hitchcock and R. Jones, *Spirit Possession in the Nepal Himalayas,* Warminster, 1975.

Robinson, R. (Hrsg.), *The Nag Hammadi Library,* San Francisco, 1977.

Roszak, T., *Das unvollendete Tier,* Reinbek, 1985.

Roszak, T., Myth, magic and mystery, in P. Fry and M. Long, *Behind the Mechanical Mind,* Sydney, 1977.

Sargent, W., *The Mind Possessed,* London, 1976.

Schaya, L., *The Universal Meaning of the Kabbalah,* New Jersey, 1971.

Scholem, G., *Major Trends in Jewish Mysticism,* New York, 1961.

Shirokogoroff, S., *The Psychomental Complex of the Tungus,* London, 1935.

Shor, R., *Three dimensions of hypnotic depth, in C. Tart (Hrsg.), Altered States of Consciousness,* New York, 1969.

Siegal, R., *Hallucinations, Scientific American,* Oktober 1977.

Siiger, H., *Shamanistic ecstasy and supernatural beings,* in C. M. Edsman (Hrsg.), *Studies in Shamanism,* Stockholm, 1967.

Spare, A., *The Book of Pleasure,* Montreal, 1975.

Spare, A., *Focus on Life,* London, 1976.

Steinbrecher. E., *The Guide Meditation,* Santa Fe, New Mexico, 1977.

Stone, D., *The Human Potential Movement,* in C. Glock and R. Bellah (Hrsg.), *The New Religious Consciousness,* Berkeley, 1976.

Suzuki, M., *The shamanistic element in Taiwanese folk religion,* in A. Bharati (Hrsg.), *The Realm of the Extra-Human,* The Hague, 1976.

Symonds. I., *Aleister Crowley: Das Tier 666,* Basel, 1983.

Symonds, J. and Grant, K. (Hrsg.), *The Magical Record of the Beast 666,* London. 1972.

Symonds, J. and Grant, K. (Hrsg.), *The Confessions of Aleister Crowley,* New York. 1973.

Tart, C. (Hrsg.), *Altered States of Consciousness,* New York, 1969.

Tart, C., *Einleitung zu Robert Monroe: Der Mann mit den zwei Leben,* Interlaken, 1981.

Tart, C., *States of Consciousness,* New York, 1975.

Tart, C., *Discrete states of consciousness,* in P. Lee u. a., *Symposium on Consciousness,* New York, 1977.

Ten Houten, W. and Kaplan, C., *Science and its Mirror Image,* New York. 1973.

Truzzi, M., *Towards a sociology of the occult: notes on modern witchcraft,* in I. Zaretsky and M. Leone (Hrsg.), *Religious Movements in Contemporarv America,* Princeton, 1974.

Underhill, E.. *Mystik,* München, 1928.

Waite, A., *The Secret Doctrine in Israel,* Boston, 1914.

Wallace, A., *Culture and Personality,* New York, 1970.

Wasson, R. G., *The hallucinogenic fungi of Mexico,* in G. M. Weil (Hrsg.), *The Psychedelic Reader,* New York, 1971.

Wasson, R. G., *Der Weg nach Eleusis,* Frankfurt, 1984.

Watkins, M., *Waking Dreams,* New York, 1976.

Weakland, J., *Shamans, schizophrenia and scientific unity, American Anthropologist,* Bd. 70, 1968.

Weil, G. M. (Hrsg.), *The Psychedelic Reader,* New York, 1971.

Whitehead, H., *Reasonably fantastic: Some perspective on scientology, science fiction and occultism,* in I. Zaretsky and M. Leone (Hrsg.) *Religious Movements in Contemporary America,* Princeton, 1974.

Whitten, P., *Being Human Today – Psychological Perspectives,* San Francisco, 1977.

Wilby, B. (Hrsg.), *New Dimensions Red Book,* Cheltenham, 1968.

Yeats, W., *Mythologies,* London, 1959.

Zaretsky, I. and Leone, M. (Hrsg.), *Religious Movements in Contemporary America,* Princeton, 1974.

Register

Kursiv gedruckte Seitenzahlen verweisen auf Abbildungen

Der Autor

Nevill Drury, 1947 in Hastings, England, geboren und seit seiner Kindheit in Australien lebend, ist ein international anerkannter Fachmann auf dem Gebiet des Schamanismus, der Mystik und des Okkulten. Er promovierte in Anthropologie, hat bereits mehr als ein Dutzend Bücher zu obigen Themen veröffentlicht und ist seit 1968 aktiv an der Erforschung von Magie und Schamanismus sowie deren modernem Äquivalent in der Tiefenpsychologie beteiligt. 1984 produzierte er eine zweistündige Fernsehsendung unter dem Titel *The occult Experience* und beschäftigt sich heute mit Forschung, Schreiben für das Fernsehen und dem Verlegen von Kunstbüchern.

SPHINX

Spirituelle Inspiration

Jeremy Hayward
Heilige Welt
Die Shambhala-Krieger im Alltag
Ca. 336 Seiten, Festeinband

Michael Jordan
Kulte, Sekten und Mysterien
Stifter – Lehren – Traditionen
128 Seiten mit zahlreichen farbigen und
s/w-Abbildungen, Festeinband

Tae Yun Kim
Die Kraft des stillen Meisters
Die Erweckung des inneren Selbst
Ca. 196 Seiten, Festeinband

Olaf Kraemer
Luzifers Lichtgarten
Expeditionen ins Reich der Halluzinogene
Ca. 144 Seiten, Festeinband mit CD

Ambika Wauters
Das Engel-Orakel
Inspiration und Lebenshilfe
Set mit Buch und 36 Engelskarten
112 Seiten mit s/w-Kartenabbildungen,
Festeinband, mit 36 farbigen Engelskarten,
komplett als Set in der Box

HEYNE BÜCHER

Anthony Robbins

*Mit dem
POWER PRINZIP
zum persönlichen
Erfolg*

**Grenzenlose Energie –
Das Power Prinzip**
*Wie Sie Ihre persönlichen
Schwächen in positive Energie
verwandeln
Das NLP-Handbuch für jedermann*
08/9626

Das Robbins Power Prinzip
*Wie Sie Ihre wahren inneren
Kräfte sofort einsetzen*
08/9672

**Erfolgsschritte nach dem
Power Prinzip**
*Ein kleiner Schritt an jedem Tag
bringt Sie in einem Jahr zu Ihrem
Erfolgsziel*
08/9686

08/9686

Heyne-Taschenbücher

Silva Mind

Der Schlüssel zur
inneren Kraft

José Silva
Philip Miele
Silva Mind Control
Die universelle Methode zur
Steigerung der Kreativität und
Leistungsfähigkeit des
menschlichen Geistes
08/9538

José Silva
Burt Goldman
Die Silva-Mind-Methode
Das Praxisbuch
08/9549

José Silva
Robert B. Stone
Der Silva-Mind-Schlüssel zum
inneren Helfer
08/9599

Die Silva Mind-Control-
Methode für Führungskräfte
22/247

José Silva/Philip Miele
SILVA
MIND CONTROL
Die universelle Methode zur
Steigerung der Kreativität
und Leistungsfähigkeit des
menschlichen Geistes

ESOTERISCHES
WISSEN

08/9538

Heyne-Taschenbücher

HEYNE
BÜCHER

Das Celestine Phänomen

Bücher, die die Kraft haben, unser Leben zu verändern

08/9670

H e y n e - T a s c h e n b ü c h e r